FLOWERS
COME to LIFE

* 일러두기

이 책에 실린 꽃과 재료의 가격은 계절 및 시장 상황에 따라 달라질 수 있습니다.

FLOWERS COME to LIFE

MELT의 '만 원으로 꽃다발 만들기' 프로젝트

1판 1쇄 발행 2016년 5월 9일
1판 4쇄 발행 2022년 8월 5일

지은이	김신정
펴낸이	김기옥
실용본부장	박재성
편집 실용2팀	이나리, 장윤선
마케터	이지수
판매 전략	김선주
지원	고광현, 김형식, 임민진
디자인	스튜디오 고민
인쇄·제본	대원문화사

펴낸곳 한스미디어(한즈미디어(주))
주소 121-839 서울시 마포구 양화로 11길 13(서교동, 강원빌딩 5층)
전화 02-707-0337 | 팩스 02-707-0198 | 홈페이지 www.hansmedia.com
출판신고번호 제313-2003-227호 | 신고일자 2003년 6월 25일

ISBN 978-89-5975-990-3 (13630)

책값은 뒤표지에 있습니다.
잘못 만들어진 책은 구입하신 서점에서 교환해 드립니다.

52 EPISODES　　　　10,000WON FLOWER DIY　　　　MELT

FLOWERS
COME to LIFE

MELT의 '만 원으로 꽃다발 만들기' 프로젝트

글·사진 김신정

한스미디어

몇 년 전 런던에서 한국으로 막 돌아왔을 때, 제 머릿속은 모든 일이 다 잘 될 것만 같은 알 수 없는 희망과 열정 그리고 긍정적인 생각들로 가득했습니다. 그동안 프리랜서 디자이너로 활동해왔지만 좀 더 의미 있는 일들을 하고 싶다는 생각에 마음이 맞는 언니와 함께 디자인 회사를 시작하게 되었죠. 그렇게 일 년 조금 넘게 고군분투하며 노력했지만, 처음의 설렘과는 달리 경제적, 심리적인 압박에 하루하루가 괴롭고 힘에 부쳤습니다. 결국 아쉽지만 회사를 정리하게 되었고, 잘 해내지 못했다는 자책감과 함께 열심히 회사를 다니고 있던 언니를 괜히 내가 더 힘들게 만든 건 아닐까 하는 미안한 마음, 후회와 어지러운 생각들로 제 머릿속은 답답해져 왔습니다. 그러다가 문득 꽃시장에 가보고 싶다는 생각이 들었습니다. 한 번도 가본 적 없었지만 저도 모르게 발걸음은 이미 꽃시장을 향하고 있었죠. 그렇게 처음 꽃시장에 도착하자 싱싱한 꽃내음과 풀냄새로 정신을 차릴 수 없었는데, 이곳저곳 눈길 가는 곳으로 걸음을 옮기다보니 생전 처음 보는 꽃과 식물들이 가득했습니다. 어지럽고 복잡했던 마음은 온데간데없이 사라지고 꽃구경에 정신이 팔려 어느새 지갑을 열고 있는 저를 발견했습니다.

마음에 드는 꽃을 구매하고 집으로 돌아오는 지하철에 앉아 곰곰이 생각해보니, 그렇게 많은 돈을 쓰지는 않았지만 이렇게 소소한 일로 마음이 맑아지고 행복해지기까지 했으니 이 기쁨을 다른 사람들과 꼭 나누고 싶다는 생각이 들었습니다. 평소에도 블로그에 글을 쓰거나 느낌을 공유해보고 싶다는 생각을 하긴 했지만, 이날처럼 명확하게 그려진 적은 처음이었습니다. 비록 솜씨는 부족하지만 일주일에 한 번, 만 원으로 만드는 꽃다발을 일 년 동안 꾸준히 기록하고 공유해보면 좋겠다고 말이죠.

그렇게 저의 '만 원으로 꽃다발 만들기' 프로젝트가 시작되었습니다. 진행하는 동안 실수도 많았지만 막상 에피소드 52회까지 무사히 마치고 나니 서투르게 꽃을 손질하던 에피소드 1회 때와는 비교도 할 수 없을 정도로 성장한 저를 발견할 수 있었습니다. 그동안 꽃을 배운 적도 없었고 관심도 없었는데, 꾸준히 일 년이라는 시간을 오롯이 꽃과 함께 보내다 보니 정식으로 배운 사람보다는 당연히 부족하겠지만 그래도 이제는 혼자 취미로 꽃을 즐기기에 많이 괜찮아졌다는 생각이 듭니다.

'만 원'이라는 가치는 누군가에게는 한 끼 혹은 두 끼의 식사가 될 수도 있고 누군가에게는 돈으로 환산할 수 없는 가치와 용기 그리고 힘이 될 수도 있습니다. 사업 실패의 좌절감으로 잃었던 열정을 지난 일 년간 꽃다발을 만들며 천천히 되찾은 저에게 이 프로젝트는 너무나도 소중한 경험으로 남게 되었습니다.

꽃이 제 인생에 들어오게 되면서 많은 기쁨과 행복 그리고 기회도 함께 찾아왔습니다. 매회 많은 분들이 격려해주시고 응원해주시고 기다려주셔서 52회의 에피소드를 잘 마무리할 수 있었습니다. 감사드립니다.

그리고 항상 응원해주고 많은 아이디어를 공유하며 힘이 되어준 제프, 기꺼이 제 사진 속 모델이 되어준 친구들, 표현은 안 했지만 매회 에피소드를 챙겨보고 응원해준 가족들이 있어 더욱 힘이 났습니다. 고맙습니다.

더불어 이 책을 보시는 많은 분들께도 꽃이 일상의 기쁨을 만드는 행복한 계기가 되었으면 좋겠습니다.

CONTENTS

PROLOGUE · · · 8

I. INTRODUCTION · · · 12

꽃다발을 만들기 전에

II. EPISODES · · · 28

일주일에 하나씩, 일 년 52가지 꽃다발 만들기

III. AFTER THE EPISODES · · · 240

꽃으로 만드는 소품

IV. JOURNEY · · · 274

꽃과 식물을 찾아 떠난 여행

FLOWERS COME TO LIFE

I

INTRODUCTION

꽃다발을 만들기 전에

01

TOOLS

꽃 다 발 을   만 들 때   필 요 한   도 구

처음 '만 원으로 꽃다발 만들기' 프로젝트를 시작했을 때는 집에서 뒹구는 가위를 이용해 줄기를 정리하곤 했습니다. 그러던 중 친구가 뜻밖의 선물을 집으로 보내왔는데요, 꽃을 만지는 저를 보고 그래도 가위는 좋은 걸 써야 하지 않겠냐며 모양도 예쁘고 성능도 좋은 아오야마 플라워 마켓Aoyama Flower Market의 꽃가위를 선물해주었습니다. 이때부터 저도 꽃가위에 관심이 생기고 리본이며 와이어며 하나씩 하나씩 모으게 된 것 같아요.

꽃다발을 만들 때 가장 기본적으로 필요한 도구는 꽃가위와 와이어, 꽃테이프 그리고 리본입니다. 이것만 있으면 누구나 멋진 꽃다발을 만들 수 있습니다. 꽃다발을 만들다보면 경우에 따라 적재적소에 도구가 좀 더 필요하겠지만 전문가가 아니니 이 정도만 가지고 있어도 충분합니다.

꽃가위

와이어

INTRO 01   TOOLS   17

꽃테이프

라피아 끈

종이 끈

패브릭 끈

I. INTRODUCTION   FLOWERS COME TO LIFE   18

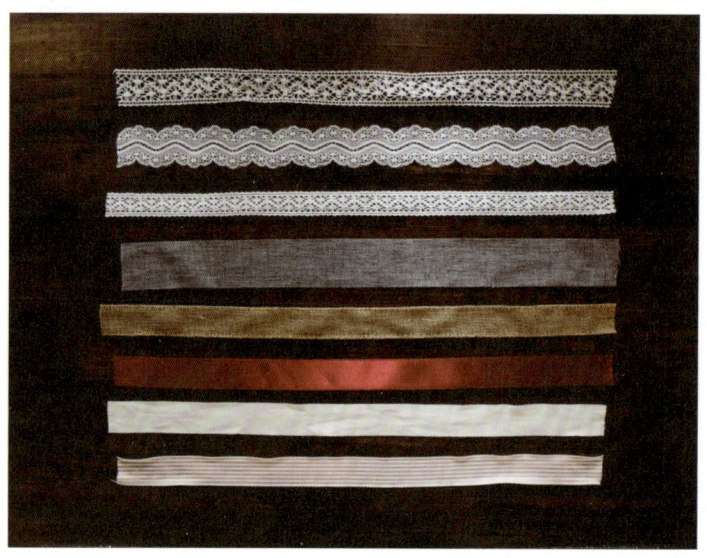

제가 지금까지 꾸준히 모아온 가위는 세 개인데요. 하나는 조금 전에 언급한 친구로부터 선물받은 것이고, 두 번째는 일본 여행 중에 구매한 가위, 세 번째는 서울 도산공원 앞 퀸마마마켓에서 구매한 작은 가위입니다. 성능으로 따지면 일본에서 구매한 가위가 가장 좋고 친구에게 선물받은 가위가 두 번째, 마지막으로 작은 가위가 되겠네요. 작은 가위는 꽃가위로 구매했지만 주로 리본을 자르는 데 사용하고 있습니다.

일여 년 동안 꾸준히 리본을 사용하다 보니 어느새 여러 종류의 리본을 가지고 있게 되었습니다. 그중에서도 제가 가장 좋아하고 많이 사용하는 리본은 레이스와 린넨 리본입니다. 레이스 리본 하나만으로도 사랑스럽고 청순한 꽃다발이 완성됩니다.

02

BASIC STEPS

기 본 적 인   꽃   손 질 하 기

꽃머리가 있는 상단을 제외하고 줄기에 붙어있는 잎들은 깨끗이 제거 해주세요. 잎이 붙어 있으면 리본을 묶는 부분이 깔끔해지지 않습니다. 처음에는 이 꽃은 어떻게 다듬어야 하고 저 꽃은 어떻게 다듬어야 하는 지 잘 몰라서 어렵게 느껴질 수 있지만, 고민할 필요 없이 우선 줄기의 잎들만 정리해주어도 부담을 한시름 덜게 됩니다. 만약 잎을 제거하지 않고 꽃을 화병에 꽂아두면 물에 잠긴 잎으로 인해 줄기가 빨리 부패하고 곰팡이가 피게 된다고 해요.

꽃다발의 소재로 가장 많이 사용하는 유칼립투스는 다소 손질이 어렵다고 느껴질 수도 있습니다. 제 블로그에서도 많은 분들이 어디서부터 잎을 제거해야 하는지 혹은 유칼립투스의 진액이 손에 찐득거리고 잘 지워지지 않아 고민이라고 코멘트를 남겨주셨는데, 보통은 원하는 꽃다발의 길이만큼 줄기를 잘라준 뒤 중간 아래쪽 잎들을 위에서 아래로 손가락을 이용해 쭉 잡아내리면 줄기가 깨끗하게 정리가 됩니다. 맨손으로 하면 유칼립투스의 진액때문에 손이 찐득거리지만 장갑을 끼고 하면 편하게 정리할 수 있습니다.

03

FLOWER MARKET

꽃 시 장   방 문 하 기

서울에는 여러 곳의 꽃시장이 있지만, 저는 주로 강남 고속버스터미널의 꽃시장을 이용합니다. 이곳에서는 다양한 종류의 꽃과 부자재를 쉽게 비교하고 구매할 수 있습니다.

저는 보통 시장에 가기 전에 어떤 꽃을 살지 미리 정해두지는 않아요. '만 원으로 꽃다발 만들기'라는 프로젝트의 특성상 꽃을 미리 정하고 가면 제가 원하는 꽃의 가격이 비싸서 구매하지 못할 때도 있고, 또 시즌이 맞지 않아 꽃을 살 수 없는 경우도 종종 생기기 때문입니다. 그래서 우선 어떤 색감으로 이번 꽃다발을 완성할까 고민한 뒤, 꽃시장에 들러 원하는 색 조합과 적절한 가격의 꽃을 구매하곤 합니다.

꽃은 생물이다 보니 값이 오늘 다르고 내일 다른 경우가 많아 늘 가격대가 들쑥날쑥합니다. 그러니 이곳저곳을 둘러보고 물어보면서 저렴하고 예쁜 꽃을 구매하는 게 가장 좋은 것 같아요.

꽃다발을 만들 때 필요한 모든 부자재도 꽃시장에서 구매할 수 있습니다. 바구니, 리스틀, 가위, 와이어, 화병 등 꽃을 다루는데 필요한 모든 도구가 이곳에 있습니다.

FLOWER MARKET 01

고속터미널 꽃시장 강남고속버스터미널 3층

생화 시장 : 월 ~ 토 00:00 - 13:00
조화 시장 : 월 ~ 토 00:00 - 18:00
일요일은 휴무입니다.

FLOWER MARKET 02

서소문 꽃도매시장

생화 시장 : 월 ~ 목 03:00 - 15:00, 금 ~ 토 03:00 - 16:00
조화 시장 : 월 ~ 금 07:00 - 19:00, 토 03:00 - 16:00
일요일은 휴무입니다.

FLOWER MARKET 03

남대문 대도꽃시장

생화 시장 : 월 ~ 목 03:00 - 15:00, 금 ~ 토 03:00 - 16:00
일요일은 휴무입니다.

FLOWER MARKET 04

양재 꽃시장

생화 시장(1, 2층) : 월 ~ 토 00:00 - 13:00
부자재점(2층) : 01:00 - 16:00
일요일은 휴무입니다.

FLOWERS COME TO LIFE

II

EPISODES

일주일에 하나씩,

일 년 52가지 꽃다발 만들기

01

HANOI, ORNITHOGALUM, RUSCUS

하 노 이 ,　 보 리 수 ,　 루 스 커 스

무턱대고 꽃시장에 가서 하노이를 구매하고
이 꽃과 어울릴 법한 서브 소재를 구매한 뒤 집으로 돌아오던 길.
생각보다 꽃을 사는데 많은 돈이 들지 않는다는 사실에 놀랐고
꽃 몇 송이가 먹구름 잔뜩 낀 제 마음을 다시 맑은 하늘로 바꿔 놓아 기분까지 좋아졌죠.
이 행복한 순간을 더 많은 사람과 공유하고 싶다는 생각이 들었습니다.
그렇게 '만 원으로 꽃다발 만들기' 프로젝트의 첫 번째 에피소드가 나오게 되었습니다.
첫 번째 도전은 부드러우면서도 기품이 느껴지는 연분홍빛 하노이와
이제 막 꽃을 피우기 시작한 보리수 그리고 루스커스 잎을 활용한 꽃다발입니다.

INGREDIENTS

하노이	8,000원
보리수	2,000원
루스커스	2,000원
Total	12,000원

ETC

와이어, 노끈

HOW TO

1 하노이 줄기에 붙은 잎을 제거합니다. 루스커스도 중간 아랫부분에 붙은 잎을 제거해줍니다. *보리수는 따로 정리할 필요가 없어요.

2 먼저 하노이 두 송이와 보리수 한 송이를 잡아준 뒤, 오른쪽 방향으로 하노이를 계속 더해줍니다.

3 보리수가 가운데에 자리잡을 수 있도록 하노이 몇 송이를 더 추가해줍니다.

4 가장자리에 루스커스를 띄엄띄엄 추가합니다.

5 원하는 길이로 밑단을 잘라준 뒤 와이어로 고정하고 노끈이나 라피아 끈으로 묶어주면 완성됩니다.

SPRING

첫 도전이다 보니
사진도, 꽃다발 모습도 부족하지만
내 손으로 온전히 만들어본 첫 꽃다발은
두고두고 보아도 기분이 좋아집니다.

02

STATICE, SPEEDWELL, SALVIA

스타티스, 베로니카, 사루비아

꽃다발 만들기 프로젝트를 시작하기 전에는
꽃을 좋아하긴 했지만 크게 관심을 두지 않고 봐온 터라
꽃의 이름이나 생김새가 머리에 잘 각인이 되지 않았습니다.
그래서인지 꽃시장에 오면 늘 처음 보는 꽃들로 가득합니다.
오늘 발견한 꽃은 스타티스란 꽃인데
작은 꽃잎으로 이루어진 꽃송이들이 올망졸망하니 참 귀엽습니다.
만질 때마다 바스락거리는 촉감이 드라이플라워로 만들면 아주 좋을 것 같은데,
보랏빛의 스타티스와 베로니카, 사루비아를 이용해 꽃다발로 만들어보았습니다.

INGREDIENTS

스타티스	1,500원
베로니카	5,000원
사루비아	3,000원
Total	9,500원

ETC

와이어, 노끈

HOW TO

1 베로니카와 사루비아의 줄기에 붙은 잎들을 깨끗이 정리해줍니다.
* 스타티스는 따로 줄기를 정리할 필요가 없어요.
2 정리된 꽃을 종류별로 각각 모아줍니다.
3 스타티스를 가장 앞쪽으로 배치하고 베로니카는 오른쪽,
사루비아는 뒤쪽으로 추가해줍니다.
4 꽃다발 모양이 완성되면 원하는 길이만큼 가로로 줄기를 잘라준 뒤
와이어와 노끈으로 묶어줍니다.

완성된 꽃다발을 햇살이 잘 들고 통풍이 잘 되는 곳에 걸어놓았습니다.
잘 마르면 예쁜 모습 그대로 오랫동안 볼 수 있겠죠?

SPRING

03

ALSTROEMERIA, HYDRANGEA

알 스 트 로 메 리 아 , 수 국

물을 자주 갈아주지 않아도 잘 시들지 않고, 오래 두고 보아도 지겹지 않은 꽃이 있다면
바로 알스트로메리아라고 말하고 싶습니다. 어느 꽃과 매치해도 잘 어울리고 조화롭죠.
저도 그런 사람이 되고 싶습니다.
어느 곳에 속해 있어도 유난스럽지 않고 조화롭게
있는 듯 없는 듯 그렇게 오래 보아도 지겹지 않은 사람.
오늘은 화려하지 않지만 어느 장소, 어느 꽃과도 참 잘 어울리는 꽃,
알스트로메리아 꽃다발을 만들어보려고 합니다.

INGREDIENTS

알스트로메리아	3,000원
수국	4,000원
Total	7,000원

ETC

꽃테이프, 리본

HOW TO

1 수국의 잎은 정리하지 않고 그대로 살려줍니다.
2 알스트로메리아는 반은 줄기의 잎을 다 제거해주고,
나머지 반은 꽃머리 주변의 잎들을 남겨둡니다.
3 먼저 수국을 잡아준 뒤 알스트로메리아를 오른쪽 방향으로
추가해줍니다. 알스트로메리아는 잎이 있는 것과 없는 것을
번갈아 잡아주세요.
4 왼쪽에서 오른쪽으로 꽃들을 계속 더해가면서
알스트로메리아를 빙 둘러줍니다.
5 수국 사이사이에도 알스트로메리아를 넣어줍니다.
6 지저분한 줄기를 깨끗하게 정리하고 꽃테이프로 감아준 뒤
리본으로 예쁘게 묶어주면 완성입니다.

SPRING

다홍빛 알스트로메리아와 하얀 수국을 보고 있으니 딸기가 얹어진 생크림 케이크가 생각났습니다.

꽃을 사고 집으로 돌아오는 길에 케이크 가게에 들러 딸기 케이크를 사왔는데,

완성된 꽃다발과 함께 찍으니 역시나 너무 잘 어울립니다.

달콤한 케이크와 꽃다발, 사랑하는 사람에게 선물로 주기에 딱 좋은 조합인 듯합니다.

04

AFRICAN MARIGOLD, SMALL CHRYSANTHEMUM, AMMI MAJUS, EUCALYPTUS

천수국, 소국, 아미초, 유칼립투스

노란색은 기운을 회복하고 상처를 치유하는 데 효과가 있다고 합니다.
잠시 쉬어가며 지난 시간들을 뒤돌아보고,
힐링도 할 수 있도록 노란색을 주제로 꽃다발을 만들어 보았습니다.

INGREDIENTS

천수국	2,500원
소국	2,000원
아미초	3,000원
유칼립투스	2,500원
Total	10,000원

ETC

와이어, 레이스 리본

HOW TO

1 각 소재의 줄기에 붙은 잎들을 깨끗하게 제거해줍니다.
2 꽃송이가 큰 천수국을 베이스로 먼저 잡아줍니다.
3 천수국의 주위로 소국을 알맞게 더합니다.
4 색이 단조롭지 않도록 사이사이 아미초를 더해줍니다.
5 마지막으로 유칼립투스를 뒤쪽과 옆쪽에 넣어줍니다. 꽃다발 중심부에 포인트로 살짝 섞어주어도 좋아요.
6 꽃다발이 어느 정도 완성되면 와이어로 묶어주고, 들쭉날쭉한 줄기는 가위로 가지런히 잘라줍니다.
7 와이어 위에 레이스 리본을 예쁘게 묶어주면 완성입니다.

SPRING

흰색 꽃을 좀 더 풍성하게 추가해주면 밸런스가 더 좋은 꽃다발이 만들어 질 것 같아요.
상큼한 노란색이 기분 좋은 하루를 만들어줄 것 같은 느낌이 듭니다.

EPISODE 04 AFRICAN MARIGOLD, SMALL CHRYSANTHEMUM, AMMI MAJUS, EUCALYPTUS 43

05

TULIP

튤 립

보라색 튤립은 고귀하고 성숙한 그 자태처럼 '영원한 사랑'이라는 로맨틱한 꽃말을 담고 있습니다.
사랑은 쉽게 변하지 않는다고 생각하는 저는,
이렇게 꽃과 더불어 꽃말까지 아름다운 꽃을 만날 때마다 마음이 찌릿하게 촉촉해집니다.

INGREDIENTS

튤립　　　　　　　9,000원

ETC

꽃테이프, 린넨 리본

HOW TO

1 튤립은 가장자리의 잎 부분만 벗겨주시거나 가위로 잘라주시면 됩니다.
2 왼쪽에서 오른쪽으로 차근차근 꽃을 더해주세요.
3 꽃다발이 어느 정도 완성되면 꽃테이프로 묶고 밑단을 깨끗하게 잘라줍니다.
원하는 길이만큼 잘라주시면 되는데 저는 6센티미터 정도 잘랐습니다.
4 자연스러운 린넨 리본으로 묶어주시면 완성입니다.

SPRING

튤립은 화병에 꽂아두어도 좋고 다발로 만들어 선물하기에도 좋은 꽃인데
붉은빛 보라색의 묘한 매력 때문인지 한층 성숙해 보이는 분위기의 꽃다발입니다.
손질도 까다롭지 않아 초보자가 만들기에 좋습니다.

EPISODE 05   TULIP

06

CRASPEDIA, DEILPHINIUM, SPEEDWELL

골든볼, 미니 델피늄, 베로니카

베로니카의 꽃말은 '충실', '견고' 그리고 '정조'입니다.
곧게 뻗은 모양새가 꽃말과 아주 잘 어울립니다.
꽃은 절대로 배신하지 않아서 좋습니다.
내가 사랑해주고 보살펴주는 만큼 오랫동안 곁에 있어주고
내 사랑이 덜하면 예상했다는 듯 떠나버리죠. 꽃은 참 숨김없이 솔직합니다.
속이 뒤엉키고 머리가 복잡할 때 혹은 사람에게 상처받았을 때 꽃을 보고 있으면 위로가 됩니다.

INGREDIENTS

골든볼	3,000원
미니 델피늄	6,000원
베로니카	6,000원
Total	15,000원

ETC

꽃테이프, 라피아 끈

HOW TO

1 각 소재의 줄기에 붙은 잎을 깨끗이 정리해줍니다.
2 베로니카와 골든볼, 미니 델피늄을 한 송이씩 잡아줍니다.
3 꽃다발을 돌려가면서 오른쪽으로 꽃을 추가해줍니다.
4 이때 베로니카의 길이는 다양하게 넣어주면서 전체적인 밸런스를 맞춰줍니다.
5 꽃다발 모양이 어느 정도 완성되면 꽃테이프로 감아준 뒤 줄기를 적당히 잘라주고 라피아 끈으로 묶어주면 완성됩니다.

SPRING

수수하니 들에 핀 꽃을 집으로 옮겨온 듯합니다.
친구에게 선물해도 좋고 이 상태로 화병에 꽂아두기에도 손색없어 보입니다.

EPISODE 06 — CRASPEDIA, DEILPHINIUM, SPEEDWELL

07

HYDRANGEA, LISIANTHUS,
HYPERICUM CHERRY, LILY

수국, 리시안셔스, 하이베르콘, 백합

여름이면 어김없이 엄마의 정원에는 수국이 핍니다. 꽃에 관심이 없을 때는 이 꽃이 무슨 꽃인지
이 꽃 또한 그저 수많은 꽃들 중에 하나겠구나, 생각하고 말았었죠.
하지만 시간이 지나고 꽃을 좋아하게 되면서, 단순히 꽃 종류만이 아닌 꽃이 피고 지는 것까지
관심을 갖게 됐습니다. 엄마의 정원에 핀 수국을 자세히 들여다보니 하루하루 시간이 지날 때마다
서서히 색이 변해간다는 것을 알게 됐어요. 처음에는 흰색이었다가 그 다음에는
수줍은 듯한 분홍색, 다시 은은한 연둣빛으로 말이죠. 여러 개의 작은 꽃잎이 가지런히 모여
하나의 큰 꽃송이를 만드는 수국. 그 중에서도 흰색 수국의 꽃말은 '변심, 변덕'이라더니
이렇게 다양한 색으로 바뀌려고 그런 게 아닐까 하는 생각까지 드네요.

INGREDIENTS

수국	3,000원
리시안셔스(흰색, 분홍색)	3,000원
하이베르콘	2,000원
백합	1,500원
Total	9,500원

ETC

꽃테이프, 리본

HOW TO

1 각 소재의 줄기에 붙은 잎들을 깨끗하게 정리합니다.
2 수국을 먼저 잡아줍니다.
3 리시안셔스를 한두 송이 추가합니다.
4 백합을 수국 사이에 한두 송이 넣어주고 가장자리에 리시안셔스를 몇 송이 더 추가합니다.
5 사이사이에 하이베르콘을 밸런스가 맞게 넣어줍니다.
6 모양이 어느 정도 완성되면 꽃테이프로 고정한 뒤 리본으로 묶어주면 완성입니다.

SPRING

아기자기한 하이베르콘의 역할이 이 꽃다발에서 아주 중요한 것 같아요.
자칫하면 밋밋할 수 있는 꽃다발인데 열매처럼 귀엽게 생긴 하이베르콘이
곳곳에 있으니까 아주 사랑스럽습니다.

08

LISIANTHUS, PHYSOSTEGIA, SOLIDAGO, SMALL CHRYSANTHEMUM, SORBARIA

리 시 안 셔 스 ,   각 기 도 라 ,   솔 리 다 고 ,   소 국 ,   신 지 메

오랜 시간 동안 알고 지내던 친한 친구의 결혼 소식을 듣고
특별한 선물을 해주고 싶어 결정한 미니 부케.
좋아하는 친구의 웨딩 부케를 직접 만들어줄 수 있다는 것은
참 행복하고 기분 좋은 일이었습니다.
결혼할 친구를 떠올리며 직접 꽃시장에 나가 친구와 어울릴 법한 꽃을 고르고,
친구의 행복한 미래를 기도하며 만든 미니 부케는 전문가의 화려한 꽃다발은 아니지만
저의 사랑과 정성이 담긴 그런 꽃다발이었습니다.

INGREDIENTS

리시안셔스	1,500원
각기도라	1,000원
솔리다고	1,500원
소국	1,500원
신지메	3,000원
Total	8,500원

HOW TO

1 각 줄기의 잎을 깨끗하게 다듬어줍니다.
2 솔리다고와 신지메를 먼저 두어 송이 잡아준 뒤 각기도라와 리시안셔스를 추가해줍니다.
3 대략적인 모양이 잡힌 화이트 미니 부케에 노란색 소국을 포인트로 넣어줍니다.
4 3번의 부케에 다시 리시안셔스를 알맞게 더해주면 완성입니다.

ETC

꽃테이프, 레이스 리본

SPRING

완성된 꽃다발은 다음날 친구에게 배달갔습니다.
너무 좋아하는 친구의 미소를 보니 정말 뿌듯했어요.

결혼식 뒤 친구의 말로는,
아담하지만 이브닝 파티에 잘 어울리는 그런 꽃다발이었다고 합니다.

09

HYDRANGEA, DAISY, HEATH ASTER, SORBARIA

수국, 데이지, 미국쑥부쟁이, 신지메

팔월은 무더위의 정점입니다.

날이 더우면 불쾌지수가 올라가고, 사람들도 불친절해지며, 본인 위주의 이기적인 생각을 하게 됩니다.

하지만 이러한 때일수록 작은 친절을 베풀면 그 감사함이 또 다른 친절을 낳게 되죠.

공원에 친구와 꽃다발 사진을 찍으러 갔는데 열심히 사진을 찍고 있는

저희를 보고 어느 노신사 분이 같이 나온 사진이 필요하면 찍어주겠다며 말을 걸어옵니다.

그 친절은 내리쬐는 햇볕의 무더위를 피해 나무 그늘에서 느끼는 시원한 바람처럼

기분 좋은 따뜻함이었습니다.

INGREDIENTS

수국	4,000원
데이지	1,000원
미국쑥부쟁이	1,000원
신지메	3,000원
Total	9,000원

ETC

와이어, 라피아 끈

HOW TO

1 줄기에 붙은 잎들을 꽃가위나 손으로 다듬어주세요.
2 수국 한 송이를 먼저 잡고, 수국의 꽃잎 사이에 데이지와 쑥부쟁이를 군데군데 넣어줍니다.
3 남은 데이지와 쑥부쟁이를 가장자리에 둘러줍니다.
4 신지메는 꽃다발의 뒤쪽으로 높게 넣어주세요.
5 꽃다발을 와이어로 묶어준 뒤, 밑단을 정리하고 라피아 끈으로 묶어주면 완성입니다.

SUMMER

데이지

수국

미국쑥부쟁이

신지메

EPISODE 09　　HYDRANGEA, DAISY, HEATH ASTER, SORBARIA

쑥부쟁이는 길을 걷다가 종종 마주치게 되는 꽃인데,
꽃잎이 화려한 수국과 매치를 해도 손색없이 잘 어울립니다.
예상치 못한 노신사의 친절함에 마음도 따뜻해지고
작은 친절이 얼마나 중요한지도 새삼 깨닫게 된 날이었습니다.
나로 인해 상대방의 하루가 행복해지는 마법 같은 시간.

10

COCKSCOMB, HYLOTELEPHIUM SPECTABILE, CHRYSANTHEMUM, RUMOHRA LEAF

맨드라미, 불로초, 대국, 루모라

벌써 10번째 에피소드입니다.

9편의 지난 에피소드를 돌아보면서 매회 좀 더 나아진 꽃다발을 만들고 있다고 생각했는데,

이번 에피소드를 진행하면서 아직 연습이 많이 필요하다는 사실을 다시 깨닫게 되었죠.

오늘은 왠지 그린 컬러가 메인인 꽃다발을 만들고 싶어 시장에 들렀는데

맨드라미 색이 너무 예뻐서 저도 모르게 덥석 구매해버리고 말았습니다.

사건의 발단은 여기서부터였는데요.

막상 맨드라미를 사고 나니 어떤 꽃으로 맨드라미를 받쳐주어야 할지 앞이 깜깜했습니다.

고심 끝에 대국과 불로초를 구매하고 집으로 돌아왔는데 어쩐지 다소 어수선한 느낌이 듭니다.

INGREDIENTS

맨드라미	2,000원
불로초	1,000원
대국	2,000원
루모라	2,500원
Total	7,500원

ETC

와이어

HOW TO

1 모든 줄기에 붙은 잎들을 깨끗하게 정리해줍니다.
2 대국과 불로초를 먼저 잡아줍니다.
3 대국을 오른쪽 방향으로 하나씩 추가해준 뒤 불로초를 가장자리에 배치합니다.
4 마지막으로 맨드라미를 루모라 잎과 함께 뒤쪽에 추가해줍니다.
5 와이어로 묶어준 뒤 밑단을 다듬어주면 완성입니다.
* 기호에 따라 리본이나 라피아 끈으로 묶어줍니다.

SUMMER

EPISODE 10　　COCKSCOMB, HYLOTELEPHIUM SPECTABILE, CHRYSANTHEMUM, RUMOHRA LEAF　　65

맨드라미

불로초

루모라

대국

II. EPISODES   FLOWERS COME TO LIFE   66

10번째 에피소드를 마무리하면서,
아름다운 꽃다발을 완성하기 위해서는
꽃 선택과 색 조합이 중요한 역할을 한다는 사실을 새삼 다시 느꼈습니다.
꽃시장에 가기 전에는 원하는 색 구성을 명확하게 하고 가야
원하는 느낌의 꽃다발에 가까워집니다.

11

HYDRANGEA, LILAC, LISIANTHUS, EUCALYPTUS

수국, 라일락, 리시안셔스, 유칼립투스

초록색은 자연이 가지고 있는 청량한 느낌을 잘 전해줍니다.
초록색은 평온함과 편안함을 느끼게 해주는 색이라고도 합니다.
녹색의 꽃과 식물을 한참 동안 바라보고 있으면 피로한 눈과 마음이 깨끗이 정화되는 것만 같죠.
자연 그대로의 꾸밈없는 느낌 그대로 꽃다발에 담아보고 싶었습니다.

INGREDIENTS

수국	2,000원
라일락	5,000원
리시안셔스	1,500원
유칼립투스(파블로)	1,500원
Total	10,000원

ETC

와이어, 스트라이프 리본

HOW TO

1 수국 줄기의 잎은 꽃다발의 높이에 맞추어 다듬어줍니다.

2 리시안셔스와 라일락 줄기에 붙은 잎들은 꽃가위나 손으로 다듬어주세요. 유칼립투스도 줄기 중간 아래쪽에 붙어 있는 잎들을 깨끗이 정리해줍니다.

3 수국의 꽃잎 사이사이에 리시안셔스 두어 송이를 꽂아줍니다. 남은 리시안셔스도 수국의 주위로 보기 좋게 잡아줍니다.

4 라일락과 유칼립투스 잎은 뒤쪽으로 자연스럽게 넣어주면 되는데, 정해진 법칙 없이 자신이 생각할 때 어울리는 위치에 군데군데 배치해주면 됩니다.

5 꽃다발이 완성되면 와이어로 묶은 뒤, 밑단을 꽃가위로 잘라주고 스트라이프 리본으로 묶어줍니다.

SUMMER

비슷한 색감의 다양한 그린 소재를 사용해서인지
풍성하고 자연스러운 분위기가 나는 꽃다발입니다.
이 꽃다발을 보고 있으니 제 몸도 건강해지는 느낌이 드네요.

EPISODE 11   HYDRANGEA, LILAC, LISIANTHUS, EUCALYPTUS   71

12

GERBERA, GLOBE AMARANTH, EUPATORIUM

거베라, 천일홍, 향등골

누구를 만나든 처음부터 모든 것을 다 보여주는 사람은 신비롭지 않죠.
그 사람이 동성이라면 사람 참 호탕하고 숨김이 없다며 긍정적인 이미지로 남겠지만
이성일 경우엔 신비로운 매력이 줄어들어, 그 사람을 더 알고 싶은 마음이 줄어들게 됩니다.
사람들 중에도 자꾸 눈길이 가고 신비롭고 궁금하고 알아가고 싶은 사람이 있듯이,
꽃 중에서도 자꾸자꾸 알고 싶어지는 꽃이 있습니다. 이 꽃은 시장에서 마주칠 때마다 화사한 색과
모습으로 제 눈길을 빼앗아 가곤 했는데, 막상 구매해보니 생각보다 꽃다발 만들기가 까다로워
다음번에 다시 도전해보고 싶은 마음이 생깁니다.
'신비'라는 꽃말처럼, 앞으로도 여러 번 만나고 싶은 이 꽃의 이름은 거베라입니다.

INGREDIENTS

거베라   3,000원
천일홍   2,000원
향등골   5,000원
Total   10,000원

ETC

와이어, 노끈

HOW TO

1 거베라는 손질할 필요 없이 바로 사용하면 됩니다.
2 향등골과 천일홍은 줄기의 잎을 깨끗하게 제거해줍니다.
3 거베라 두 송이에 천일홍과 향등골 한 송이씩을 잡아줍니다.
4 오른쪽으로 다발을 돌려가며 꽃을 자연스럽게 추가해줍니다.
5 어느 정도 모양이 완성된 꽃다발은 와이어로 감아준 뒤 노끈으로 묶어줍니다.

SUMMER

EPISODE 12   GERBERA, GLOBE AMARANTH, EUPATORIUM   73

거베라

향등골

천일홍

스파이럴을 능숙하게 잡았더라면 좀 더 완성도 있는 꽃다발이 나왔겠지만
아직은 스파이럴 잡는 게 불안정하네요.
그래도 핑크색 거베라와 흰 천일홍, 향등골의 조화가 예쁩니다.

13

DAHLIA, DAISY, DUSTY MILLER, MILLET, EUCALYPTUS

다알리아, 데이지, 백묘국, 조, 유칼립투스

흰색 다일리아의 꽃말은 '친절에 감사하다'입니다.
어느 날 꽃 한아름을 안고 지하철을 타고 가는데 백발의 노인이
지하철문 기둥에 기대어가는 것을 보고 마음이 저릿했습니다. 때마침 빈 자리가 나는 것을 보고
노인에게 다가가 저쪽에 자리가 났으니 앉으시라고 조용히 말을 걸었습니다.
그랬더니 손을 절레절레하시며 "나는 다음 역에 내려서 괜찮으니 아가씨가 앉아요."라고 하십니다.
그렇게 대화가 오가는 사이 다른 누군가가 그 자리에 앉아버렸고 할 수 없이
제가 서 있던 곳으로 다시 돌아왔습니다.
핸드폰을 만지작거리고 있는데 누군가가 뒤에서 등을 두드립니다.
백발의 노인이 말없이 손짓으로 알려줍니다. 미소와 함께 저쪽에 자리가 났으니 얼른 가서 앉으라고.
그리고는 지하철에서 내렸습니다.
손 한가득 들린 하얀 다일리아를 보고 있자니 꽃말처럼 오늘 나에게 일어난 별것 아닐 수 있는
노인의 친절이 참 감사하고 따뜻했습니다.

SUMMER

EPISODE 13　　DAHLIA, DAISY, DUSTY MILLER, MILLET, EUCALYPTUS

조　　데이지　　다알리아　　백묘국

INGREDIENTS

다알리아	3,000원
데이지	1,500원
백묘국	3,000원
조	1,500원
유칼립투스	1,500원
Total	10,000원

* 재료 중에서 조가 참신숙하죠? 조는 우리 밥상에도 자주 올라오는 잡곡 종류입니다. 이렇게 꽃다발로 이용해도 너무 괜찮은 듯해서 오늘 사용해봅니다.

ETC

와이어, 레이스 리본

HOW TO

1　꽃을 준비합니다.
2　각 소재의 줄기에 붙은 잎들을 깨끗하게 제거해줍니다.
3　다알리아와 데이지를 서너 송이씩 잡아줍니다.
4　3번 과정을 두 번 정도 반복한 뒤 가장자리 쪽으로 조를 추가해줍니다.
5　유칼립투스와 백묘국도 가장자리에 자연스럽게 추가해줍니다.
6　꽃다발 모양이 어느 정도 완성되면 와이어로 묶어준 뒤 레이스 리본을 감아주면 완성입니다.

꽤나 풍성한 꽃다발로 완성됐습니다. 만개한 다알리아와 조가 은근 잘 어울립니다.
백묘국의 은은한 은빛이 빈티지스러운 느낌을 잘 표현해준 것 같습니다.
오늘 만든 꽃은 친구에게 배달갑니다.

14

LISIANTHUS, GLOBE AMARANTH,
BOTTLE GENTIAN

리 시 안 셔 스 ,   천 일 홍 ,   용 담 초

다양한 이야기를 가지고 있는 가지각색의 꽃들.
꽃시장에 갈 때 저는 주로 색감이 서로 잘 어울리는 꽃들로 구매를 합니다.
오늘도 이 꽃 저 꽃 맘에 드는 꽃을 고른 뒤 집으로 돌아오는 길에,
이 꽃들이 가지고 있는 이야기에는 어떤 게 있을까 궁금하여 찾아보다가
우연찮게도 오늘 산 꽃들이 비슷한 꽃말을 가지고 있다는 사실을 알게 되었어요.
리시안셔스와 천일홍이 가지고 있는 꽃말은 '변치 않는 사랑'입니다.
이 꽃들로 예쁜 꽃다발을 만들어 변치 않는 내 마음을 누군가에게 전하고 싶어지네요.

INGREDIENTS

리시안셔스	4,000원
천일홍	3,000원
용담초	2,500원
Total	9,500원

ETC

꽃테이프, 레이스 리본

HOW TO

1 각 꽃의 줄기에 붙은 잎을 깨끗이 정리해줍니다.

2 용담초와 리시안셔스를 각각 한 송이씩 먼저 잡아준 뒤 천일홍 두어 송이를 사이사이에 추가해주세요.

3 오른쪽 방향으로 리시안셔스와 용담초를 번갈아가며 더해줍니다. 밸런스가 맞도록 사이사이에 천일홍을 추가해주는 것도 잊지 마세요.

4 꽃다발이 어느 정도 풍성해지면 꽃테이프를 감고 줄기를 가지런히 잘라준 뒤 리본을 묶어주면 완성입니다.

SUMMER

크고 화려한 꽃다발은 아니지만 부드러운 느낌의 연보라색이

차분한 느낌을 잘 전달해 주는 것 같아요.

함께 만들어본 헤어콤브를 활용해 웨딩소품으로 사용하기에 좋아 보입니다.

° 헤어콤브 만드는 방법은 254페이지 참조

EPISODE 14   LISIANTHUS, GLOBE AMARANTH, BOTTLE GENTIAN

15

LISIANTHUS, SMALL CHRYSANTHEMUM, YARROW, BLACK CHILI

리시안셔스, 소국, 야로우, 블랙 고추

꽃시장에 가면 평소에는 생각도 못해본 소재를 꽃다발에 사용한다는 사실을 알게 될 때가 있습니다.
예를 들어 마트에서 흔히 볼 법한 케일이나 보리를 꽃시장에서 종종 마주치곤 하는데
오늘 시장에서 발견한 독특한 소재는 바로 블랙 올리브처럼 생긴 블랙 고추였습니다.
조금은 독특한 꽃다발을 원한다면 블랙 고추를 한번 사용해보세요.

INGREDIENTS

리시안셔스	4,000원
소국	2,000원
야로우	1,000원
블랙 고추	3,000원
Total	10,000원

ETC

와이어, 마 리본

HOW TO

1 각 소재의 줄기에 붙은 잎들을 깨끗하게 제거해 줍니다.
2 리시안셔스 한 송이와 블랙 고추, 소국, 야로우를 먼저 잡아줍니다.
3 오른쪽으로 돌려가면서 소재를 계속해서 추가합니다.
4 꽃다발이 어느 정도 완성되면 와이어로 묶어줍니다.
5 들쭉날쭉한 줄기는 가위로 가지런히 잘라줍니다.
6 리본을 예쁘게 묶어주면 완성입니다.

SUMMER

EPISODE 15   LISIANTHUS, SMALL CHRYSANTHEMUM, YARROW, BLACK CHILI

II. EPISODES   FLOWERS COME TO LIFE

영자 신문으로 꽃다발을 둘둘 말아서
친구에게 선물로 주었더니 아주 좋아했습니다.
가끔씩 포장지가 집에 없다면 예쁜 신문지를 활용해보세요.
부담 없이 꽃을 선물할 때 쓰기에 좋은 아이템인 것 같습니다.

16

LISIANTHUS, STOCK, DUSTY MILLER

리시안셔스, 스토크, 백묘국

저는 리시안셔스가 참 좋습니다.

꽃에 대한 전문적인 지식이 없는 저로서는 가시가 있는 꽃을 다루는 게 쉽지가 않습니다.

하지만 리시안셔스는 가시도 없을 뿐더러 꽃 손질도 쉽고,

물갈이를 조금만 신경 써주면 오랫동안 아름다운 꽃을 볼 수 있습니다.

하늘거리는 꽃잎과 귀여운 꽃봉오리는 어떠한 꽃과 매치해도 조화로운데

향기 또한 좋아서 정말 사랑할 수밖에 없는 꽃인 것 같습니다.

꽃다발 만들기를 16회 진행하는 동안 리시안셔스를 주인공으로 사용한 적이 없는 것 같아

이번 에피소드에서는 주인공으로 만들어주려고 합니다.

INGREDIENTS

리시안셔스	5,000원
스토크	1,500원
백묘국	4,000원
Total	10,500원

ETC

와이어, 레이스 리본

HOW TO

1 각 줄기의 잎들은 깨끗하게 다듬어 줍니다.

2 리시안셔스는 사용하기 편하게 알맞은 길이로 밑단을 조금 잘라줍니다.

3 리시안셔스 세 송이를 먼저 잡아줍니다.

4 스토크를 두어 송이를 추가해준 뒤 다시 리시안셔스를 더해줍니다.

5 반복해서 리시안셔스와 스토크를 더한 뒤, 마지막으로 백묘국을 가장자리에 둘러줍니다.

6 와이어로 묶고 밑단을 정리한 다음 레이스 리본으로 묶어주면 완성입니다.

SUMMER

EPISODE 16   LISIANTHUS, STOCK, DUSTY MILLER

스토크   리시안셔스   백묘국

핑크색과 실버의 조합은 항상 저를 실망시키지 않습니다.

가장 여성스러우면서도 고급스러운 느낌은 이 두 가지 색만으로도 표현이 가능하다고 생각합니다.

그래서일까요? 은은한 핑크색 리시안셔스를 은빛의 백묘국이 잘 잡아준 덕분에

사랑스럽고 은은한 꽃다발이 완성됐습니다.

17

CHRYSANTHEMUM, MISTY BLUE, EUCALYPTUS

소국, 미스티블루, 유칼립투스

미스티 블루의 꽃말을 아시나요? 미스티 블루의 꽃말은 '청초한 사랑',
붉은색 소국의 꽃말은 '당신을 사랑합니다'입니다. 사전에서 '청초하다'의 의미를 찾아보면
'화려하지 않으면서 맑고 깨끗한 아름다움을 가지고 있는 것'이라고 합니다.
마치 사랑이라는 감정을 처음 느껴보는 이들의 모습이 아닐까 하는 생각이 드네요.
비가 오는 수요일입니다. 오늘은 남대문 꽃시장에 들러 꽃을 샀는데, 저는 처음 가보았습니다.
꽃들의 종류가 고속터미널 꽃시장보다 다양하지 않았지만 가격은 더 저렴한 것 같아요.

INGREDIENTS

소국	3,000원
미스티블루	4,000원
유칼립투스	3,000원
Total	10,000원

ETC

와이어, 스트라이프 리본, 고정핀

HOW TO

1 소국은 꽃이 핀 봉우리를 제외한 줄기의 잎들을 깨끗하게 떼어줍니다.
2 미스티블루는 가지가 많이 뻗어 있어 다소 손질하기 까다로울 수 있지만, 꽃다발에 사용되는 위쪽을 제외한 아래쪽의 잔가지들을 깨끗하게 정리해주면 됩니다.
3 유칼립투스도 미스티블루와 마찬가지로 위쪽을 제외한 아래쪽의 잎들을 깨끗하게 다듬어줍니다.
4 유칼립투스와 미스티블루를 베이스로 잡아줍니다.
5 소국을 하나씩 추가할 때마다 유칼립투스와 미스티블루도 함께 더해줍니다.
6 꽃다발이 어느 정도 완성되면 와이어나 꽃테이프로 감아줍니다.
7 들쭉날쭉한 아래쪽 줄기는 가위로 원하는 길이만큼 잘라줍니다.
8 테이프나 와이어가 감아진 줄기의 아래쪽부터 위쪽으로 리본을 감아준 뒤 고정핀을 꽂아주면 완성됩니다.

꽃말처럼 청초한 연보라빛 미스티블루의 작은 꽃들과

짙은 버건디 컬러의 소국이 화려하진 않지만 은은하게 아름답습니다.

˚ 미스티블루는 꽃이 작아 약간의 스침에도 잘 떨어집니다.

EPISODE 17   CHRYSANTHEMUM, MISTY BLUE, EUCALYPTUS   95

18

DAHLIA, ORANGE STONECROP, EUCALYPTUS

다알리아, 기린초, 유칼립투스

꽃시장에 갔다가 집으로 돌아오는 길에 횡단보도에서 마주친 천진난만한 아이들.
뭐가 그렇게 재미있나 자세히 보았더니, 유치원생 아이들이 여기저기 버려져 있는
쓰레기를 줍고 있었습니다. 한 아이가 담배 꽁초를 가리키며
"여기도 있어" "저기도 있어"
천진하게 웃으며 쓰레기를 줍는 아이들을 보면서 미소 띤 웃음을 짓다가도 어느새 나를 되돌아봅니다.
어른들은 쓰레기를 버리고 아이들은 쓰레기를 줍네요. 병아리 같은 아이들의 이런 모습을 보고 있자니,
부끄럽지 않은 어른이 되어야겠구나 다시 한번 생각이 듭니다.
오늘은 병아리 같은 색, 노란색 다알리아가 메인입니다.

INGREDIENTS

다알리아	6,000원
기린초	2,000원
유칼립투스	2,000원
Total	10,000원

ETC

와이어, 레이스 리본

HOW TO

1 각 소재의 줄기에 붙은 잎들을 깨끗하게 제거해줍니다.
2 다알리아 한 송이와 기린초를 지그재그로 잡아줍니다.
3 다알리아와 기린초 여러 송이를 다시 포개서 잡아줍니다.
4 사이사이에 유칼립투스를 넣어줍니다.
5 꽃다발이 어느 정도 완성되면 와이어로 묶어준 뒤 레이스 리본으로 마무리합니다. 다알리아를 손질할 때 넓적한 줄기에 붙어 있었던 잎을 버리지 않고 꽃다발을 만들 때 받침대로 활용했습니다.

AUTUMN

EPISODE 18 DAHLIA, ORANGE STONECROP, EUCALYPTUS

유칼립투스   다알리아   기린초

두 가지 컬러만으로 꽃다발을 연출했지만
다알리아의 노란색 그러데이션이 참 따뜻한 꽃다발로 만들어주었습니다.

19

BOTTLE GENTIAN, AGERATUM, HYLOTELEPHIUM SPECTABILE, EUCALYPTUS

용담초, 아게라덤, 불로초, 유칼립투스

보라색은 예로부터 왕실의 색으로 많이 쓰였다고 합니다. 신비롭고 아름다우며 또한 고독한 색이라고 해요. 다양한 보라색 꽃을 시장에서 찾아볼 수 있는데, 이렇게 예쁜 연보라빛이 도는 꽃은 처음 보는 것 같습니다. 아게라덤은 바쁘신 사장님께 여러 번 물어보고 나서야 알게 된 꽃 이름입니다. 사랑스러운 이 꽃의 꽃말은 '신뢰와 믿음'입니다.

INGREDIENTS

용담초	3,000원
아게라덤	4,000원
불로초	2,000원
유칼립투스	2,000원
Total	11,000원

* 보통 불로초가 1,000원인데 오늘 가격이 좀 비싸네요. 그래서 오늘은 1,000원 초과되어 총 11,000원입니다.

ETC

와이어, 스트라이프 리본

AUTUMN

HOW TO

부 케

1 유칼립투스는 줄기를 깨끗하게 다듬어주고, 제일 먼저 듬뿍 잡아줍니다.
2 그 위로 용담초 서너 송이와 불로초를 더해줍니다.
3 레이어를 만들어준다는 느낌으로 용담초와 불로초, 아게라덤을 좀 더 추가해줍니다.
4 아래쪽을 다음어진 아게라덤으로 채워줍니다.
5 어느 정도 꽃다발이 완성되면 와이어로 묶어준 뒤 리본으로 마무리합니다.

화관

1 양손에 와이어를 세 줄씩 잡고 서로 꼬아줍니다.

2 제일 먼저 유칼립투스를 줄기째 지그재그로 와이어에 감아줍니다.

3 용담초의 줄기를 자르고 꽃봉오리의 아랫부분에 와이어를 묶어 화관에 연결해줍니다.

4 아게라덤과 불로초는 꽃봉오리에서 줄기까지 4센티미터 정도를 남기고 잘라줍니다.

5 잘린 꽃은 와이어를 이용해 용담초와 유칼립투스 사이사이에 묶어줍니다.

6 가느다란 리본이라면 화관 위에 바로 감아주면 되고 넓은 리본은 반으로 접은 뒤 감아줍니다.

7 윗부분의 끈이 밖으로 나오지 않도록 잘 마무리하며 위쪽에서 아래쪽으로 리본을 감아줍니다.

* 위쪽에 여러 번 감아서 잘 고정시킨 다음에 아래로 묶으면 됩니다.

8 아래쪽까지 리본을 모두 감은 뒤 매듭을 지어주면 완성됩니다.

프렌치 느낌이 나는 스트라이프 리본으로 묶어주니
조금은 캐주얼하면서도 조화롭습니다.

20

LISIANTHUS, COCKSCOMB, EUCALYPTUS

리시안셔스, 맨드라미, 유칼립투스

'변치 않는 사랑'이라는 꽃말을 가지고 있는 리시안셔스.
그래서인지 많은 사람들이 이 꽃으로 결혼식 부케를 만들곤 합니다.
꽃말처럼 사랑이 변치 않기를 바라면서 말이죠.
그런데 세상에 영원한 사랑은 없다고 현실적인 조언을 해주는 사람들이 주위에 종종 있습니다.
저는 아직 그 사실을 믿고 싶지 않은데 말이죠. 서른이 넘었는데도 아직 철부지인 걸까요?
아름다운 꽃처럼 꽃말 또한 너무 순박한 리시안셔스,
오늘은 리시안셔스를 이용해 심플한 웨딩 꽃다발을 만들어보려고 합니다.

INGREDIENTS

리시안셔스	4,000원
맨드라미	2,000원
유칼립투스	2,000원
Total	8,000원

ETC

와이어, 마 리본

HOW TO

1 각 소재는 줄기의 잎을 깨끗하게 다듬어 줍니다.
2 리시안셔스, 맨드라미, 유칼립투스를 한 송이씩 먼저 잡아줍니다.
3 내추럴한 분위기가 나도록 유칼립투스를 중심부와 가장자리에 골고루 추가해줍니다. 리시안셔스와 맨드라미 또한 같은 색이 한 곳에 쏠리지 않도록 신경 써서 넣어줍니다.
4 꽃다발이 어느 정도 완성되면 와이어로 줄기를 묶어줍니다.
5 와이어 위로 마 소재의 리본을 한 번만 둘러 심플하게 묶어줍니다.
6 들쭉날쭉한 줄기를 원하는 길이만큼 깨끗하게 다듬어주면 완성입니다.

AUTUMN

수수한 느낌의 이 꽃다발은 셀프 웨딩에 너무 잘 어울리는 꽃다발인 것 같아요.
특징이 있다면 줄기를 짧게 자르지 않아 꽃다발의 선이 길쭉한 게,
아기자기한 느낌보다는 세련된 느낌이 강해 보입니다.

21

LIGUSTRUM JAPONICUM,
SMALL CHRYSANTHEMUM, BLACK CHILI

애 정 목 , 소 국 , 블 랙 고 추

오늘 들린 꽃시장은 할로윈데이가 다가와서 그런지 주황색 빛의 다양한 꽃들이 즐비합니다.
곧 다가올 10월 31일은 할로윈데이. 우선 의미부터 보면 할로윈데이는 죽은 사람들의 영혼이
집에 온다는 미신을 믿고 그 영혼을 쫓아버리는 의식에서 비롯되었다고 합니다.
제가 어릴 때만해도 할로윈 이벤트가 보편화되지 않아서 캔디를 나눠준다거나 코스프레 같은 행사를
많이 접해보지 않았는데, 요즘은 할로윈데이가 되면 청춘들의 축제가 아닐까 하는 생각이 듭니다.
친구들을 초대해 으스스한 분위기를 연출하고 신나는 홈파티를 즐길 때
꽃으로 만든 멋진 소품도 함께 준비해보는 것이 어떨까요?

INGREDIENTS

애정목	3,000원
주황색 소국	1,500원
노란 소국	2,000원
블랙 고추	2,000원
Total	8,500원

ETC

와이어, 글루건

HOW TO

1 각 줄기의 잎들은 깨끗하게 다듬어줍니다.
2 먼저 소국과 블랙 고추를 섞어 잡아줍니다.
3 소국과 블랙 고추로 중심을 채워준 뒤, 길쭉하게 자른 애정목으로 가장자리를 마감해줍니다.
4 완성된 꽃다발은 와이어로 묶어준 뒤 줄기를 가위로 정리해줍니다.
5 글루건을 이용해 애정목과 애정목 사이를 왔다 갔다 하며 거미줄을 표현해줍니다. * 한 번이 아닌 여러 번의 글루건 작업을 해야 진짜 같은 거미줄이 연출됩니다.

AUTUMN

글루건으로 만든 거미줄이 으스스한 할로윈 느낌을 완성했지요?

22

ALSTROEMERIA, COCKSCOMB, RED CHOKE BERRIES

알 스 트 로 메 리 아 ,   맨 드 라 미 ,   레 드 베 리

가을이 깊어지고 겨울이 성큼성큼 다가오는 날씨입니다.
문틈으로 들어오는 찬 공기가 아침을 깨워주는 모닝콜 같네요.
따뜻한 이불을 박차고 나오기가 참으로 어렵지만 그래도 블로그를 통해
제 이야기를 기다리는 분들이 계셔서 늘 즐겁고 행복하게 룰루랄라 꽃시장에 갑니다.
처음 글을 쓰기 시작했을 땐 책임감 없이 날씨가 안 좋거나 기분이 별로거나
여러 가지 소소한 일들이 있으면 그냥 내일 가지 뭐, 라고 생각하거나
꽃시장에 가야 할 수요일을 자주 지나치기도 했었죠.
헌데 어느날 제가 일이 바빠 저녁쯤에 포스팅을 했더니, 어떤 분이 "오늘은 저녁에 글을 올리셨네요?
낮에 안 올라와서 기다렸어요."라고 코멘트를 남겨주셨어요. 이 말이 어쩌나 마음에 와닿고 뿌듯하던지
나를 기다려주는 사람이 있구나, 더 열심히 알차게 해야겠구나, 감사하고 또 너무나 행복했습니다.
오늘 꽃시장에 들러 발견한 꽃은 와인빛이 은은한 맨드라미였습니다.
맨드라미의 종류가 여러 가지란 건 알고 있었지만 이렇게 귀엽게 생긴 모습은 또 처음입니다.
이 맨드라미와 잘 어울리는 꽃들이 무얼까 고민하다 알스트로메리아와 레드베리를 함께
구매했는데요. 집에 와서 찾아본 꽃말들이 참 예사롭지 않습니다.
맨드라미는 '치정, 괴기, 감정, 영생, 시들지 않는 사랑'이고, 알스트로메리아는 '에로틱'입니다.
겨울도 다가오고 해서 버건디 계열 꽃으로만 모두 구매해 보았는데 참 재밌네요.

INGREDIENTS

알스트로메리아	3,000원
맨드라미(훼더)	2,000원
레드베리	5,000원
Total	10,000원

* 레드베리를 많이 사용하진 않았습니다. 레드베리 대신 맨드라미를 한 단 더 사시면 보다 풍성한 꽃다발이 될 것 같아요.

ETC

와이어, 글루건, 공단 리본

HOW TO

1 이번에는 줄기가 긴 소재들을 사용하기 때문에, 만들기를 시작하기 전에 각 줄기를 조금씩 잘라줍니다.
2 알스트로메리아와 맨드라미 줄기의 잎들은 윗부분만 남기고 깨끗하게 다듬어주세요. 레드베리는 적당하게 길이를 잘라줍니다.
3 먼저 정리된 맨드라미 한 단을 풍성하게 잡아줍니다.
4 맨드라미 사이사이에 레드베리를 두어 송이 추가해줍니다.
5 정리된 알스트로메리아를 맨드라미 다발의 가장자리 부분에 둘러줍니다.
6 와이어로 다발을 묶어준 뒤 밑단을 잘라줍니다.
7 이번에는 꽃다발을 뒤집은 상태에서, 공단 리본을 길게 늘어뜨린 뒤 위에서 아래쪽으로 한 방향으로 감아줍니다. 꽃에 리본이 가까워지면 매듭을 짓고 가위로 길게 끝을 잘라줍니다.

양장을 입고 셀프웨딩 촬영을 할 때

이 꽃다발을 들면 화려하고 고급스러운 느낌이 더해집니다.

23

CHAMOMILLA, CHRYSANTHEMUM

캐 모 마 일 , 국 화

일본에 여행을 온 김에 '만 원으로 꽃다발 만들기' 프로젝트를 이곳에서도 할 수 있다면
정말 근사할 것 같다는 생각이 들었습니다.
아무런 조사 없이 도쿄에 있는 도매 꽃시장을 찾아갔더니
일반인들은 들어갈 수 없다는 이야기를 하더군요.
아쉬움을 뒤로한 채 저는 도쿄를 떠나 나고야역에 도착하였습니다.
숙소가 나고야역 안에 있어서 간단하게 요깃거리를 사기 위해 역 밖으로 나오면
작은 꽃집을 종종 마주치곤 했는데요. 그곳에는 아주 작지만 아기자기한 꽃들이 가득했습니다.
꽃의 가격을 둘러보니 예상 외로 저렴했어요.
이때 번뜩 뇌를 스치고 지나간 생각은, 특별하지 않아도 간단하게 만들 수 있는
만 원 꽃다발이었습니다.

INGREDIENTS

캐모마일과 국화만을 이용해 아주 심플한 꽃다발을 만들
생각이었습니다. 이 캐모마일은 300 엔입니다. 우리나라 돈으로
3,000 원 정도 하네요. 그리고 국화도 구매했는데, 380 엔을 환산하면
3,800 원 정도. 그래서 총 지출액이 7,000 원이 좀 안 됩니다.

ETC

라피아 끈

HOW TO

1 국화와 캐모마일 줄기의 잎들은 깨끗하게
다듬어주세요.
2 양이 적기 때문에 손질된 꽃들은
한 송이씩 교차로만 잡아주면 됩니다.
3 밑단을 정리해 준 뒤 라피아 끈으로
묶어주면 완성입니다.

WINTER

정말 간단한 꽃다발입니다.

다른 나라에 와서 꽃을 구매하고, 손질하고,

직접 만들어 본다는 건 흔하지 않은 일이죠.

풍성하지도 화려하지도 않은 꽃이지만 들꽃처럼

포근한 이 꽃들이 저에게 특별한 추억을 만들어주었습니다.

24

ALSTROEMERIA, LEMON TREE LEAF, SMALL CHRYSANTHEMUM

알스트로메리아, 레몬트리, 소국

산에도 들에도 거리를 지나갈 때에도
나뭇잎들은 초록색에서 빨간색으로, 노란색으로, 주황색으로
하나 같이 자신을 뽐내며 아름다움을 내뿜고 있습니다.
겨울이 가까워지고 있음을 알려주는 신호등처럼
창 밖 너머의 나무들은 은은하게 번지는 색들로 풍성합니다.
색색이 수놓아진 나뭇잎들이 너무 아름답지만 초록색의 싱그러움 그리고 활기찬 느낌이
문득 그리워 오늘은 초록빛 꽃다발을 만들어 보았습니다.

INGREDIENTS

알스트로메리아	3,000원
레몬트리	4,000원
소국	1,000원
Total	8,000원

ETC

와이어, 검은색 공단 리본

HOW TO

1 각 소재 줄기의 잎들은 깨끗이 정리해줍니다.
* 레몬트리는 윗부분을 제외한 나머지 잎을 제거해주면 됩니다.
2 알스트로메리아와 소국을 각각 먼저 잡아줍니다.
3 우선 이 두 가지 소재로만 오른쪽으로 돌려가면서 교차로 꽃을 추가해줍니다.
4 어느 정도 꽃들이 풍성해지면 가장자리를 레몬트리로 채워줍니다.
5 와이어로 묶어준 뒤 밑단을 정리하고 리본을 묶어주면 완성됩니다.

WINTER

넓은 레몬잎이 초록빛 풍성한 꽃다발을 잘 연출해준 것 같습니다.

EPISODE 24 — ALSTROEMERIA, LEMON TREE LEAF, SMALL CHRYSANTHEMUM

25

IRIS, ASPIDISTRA, BARLEY

아 이 리 스 ,   엽 란 ,   보 리

휴대폰이 대중화가 되지 않았던 시절에는 손 편지를 써서 내 소식을 친구나 가족에게 알리곤 했습니다.
아직도 어릴 때의 추억이 생생하게 기억나는데, 시골에서 태어나 친구들이 많지 않았던 저는
명절만을 손꼽아 기다렸죠. 설날이나 추석이 되면 동네 슈퍼집 아저씨의 가족들이 고향에 내려와,
저와 언니는 그 친구들과 어울리며 많은 추억을 남겼습니다.
유독 기억에 남는 것은 약속 장소를 정하는 일이었습니다. 오늘 어디서 만날지, 내일은 무얼 하고 놀지,
고사리 같은 손으로 편지지에 글을 곱게 적어 우리만 아는 비밀 돌담에 편지를 꽂아두고 가면
친구가 가져가 읽고 답장을 적어 그곳에 다시 넣어두었죠. 마치 어머니 세대 이야기 같지만
우리도 그렇게 서로의 소식과 계획을 전달하곤 했답니다. 아직도 그때의 일을 생각하면
절로 미소가 지어집니다. 이번 에피소드의 꽃말을 찾다 보니 어릴 때 제 기억이 떠올랐네요.
아이리스의 꽃말은 '좋은 소식 잘 전해주세요'입니다.

INGREDIENTS

아이리스	2,500원
엽란	2,000원
보리	2,000원
Total	6,500원

ETC

와이어, 리본

HOW TO

1 세 가지 소재 모두 잎을 정리할 필요는 없습니다.
아이리스와 보리의 색이 뭉치지 않게 잘 섞어서 잡아줍니다.
2 알맞게 만들어진 꽃다발의 겉부분을 엽란으로 감싸줍니다.
3 와이어로 고정해주고 밑단을 가위로 깨끗이 정리한 뒤 리본으로
묶어주면 완성입니다.

WINTER

II. EPISODES   FLOWERS COME TO LIFE   128

재료 손질도 필요 없고 아이리스와 보리만 잘 배치해주면
쉽게 만들 수 있는 꽃다발입니다.
꽃다발로 선물하기에도 좋지만 길쭉한 화병에 꽂아두어도 아주 멋질 것 같아요.

26

ANEMONE, EUCALYPTUS

아네모네, 유칼립투스

누구나 한번은 겪게되는 슬픈 이별은 예고도 없이 불쑥 찾아오곤 합니다.
그토록 뜨겁게 그리고 열렬히 사랑하는 사람을,
내일 아니 지금부터 지워나가야 한다는 현실은 참 슬프죠.
신비로운 모습의 아네모네는 슬픈 사랑에 관한 다양한 꽃말을 가지고 있는데
그중에서도 '속절없는 사랑'이라는 문구가 제 눈에 들어옵니다.
쌀쌀한 겨울이 다가오니 이 꽃을 만날 수 있었습니다.

INGREDIENTS

아네모네	8,000원
유칼립투스	2,000원
Total	10,000원

* 꽃시장에서 여러 가게를 둘러보니 어떤 곳은 12,000원에 아네모네를 팔기도 했는데 저는 8,000원에 내놓은 곳에서 구매했습니다.

ETC

꽃테이프, 공단 리본

HOW TO

1 유칼립투스는 사용할 줄기의 아랫부분에 붙은 잎을 깨끗이 제거해줍니다.

2 아네모네는 꽃봉오리에 붙은 잎을 제외하고 줄기에 붙은 잎들을 제거해줍니다.

3 아네모네와 유칼립투스를 각각 먼저 잡아줍니다.

4 유칼립투스 두어 송이를 조금 더 추가해준 뒤 아네모네를 더해줍니다.

5 오른쪽으로 돌려가면서 아네모네와 유칼립투스를 번갈아가며 추가합니다.

6 어느 정도 완성이 되면 와이어나 꽃테이프로 감아준 뒤 밑단을 정리합니다.

7 리본을 묶어주면 완성입니다.

WINTER

여름에는 볼 수 없었던 아네모네를 겨울이 오니 만날 수 있었습니다.
신비로운 모습의 아네모네는 한 송이만 화병에 꽂아두어도 예쁘고,
유칼립투스와 함께 연출하니 어렵지 않게 꽃다발을 만들 수 있었습니다.

27

LISIANTHUS, EUCALYPTUS

리 시 안 셔 스 ,   유 칼 립 투 스

꽃은 물을 매일 갈아주지 않고 정성 들여 줄기를 다듬어주지 않으면 금방 시들어버립니다.

오랫동안 아름다운 꽃의 모습을 보기 위해서는 많은 애정으로 꽃을 보살펴주어야 합니다.

하지만 바쁘게 생활하다 보면 꽃의 존재를 금세 잊어버리고 말죠.

며칠이 지난 뒤 아차, 싶어 꽃을 살펴보면 사랑을 받지 못한 채 시들어 있을 때가 종종 있습니다.

그럴 때면 '아, 이 꽃을 드라이플라워로 만들어 두었으면 참 좋았을 텐데' 하는 아쉬움이 남곤 했습니다.

오늘 시장에서 발견한 꽃은 오묘한 색을 가지고 있는 리시안셔스였는데,

보라빛 빈티지한 색감이 드라이플라워로 사용하기에 아주 적합해 보였습니다.

INGREDIENTS

리시안셔스   4,000원
유칼립투스   5,000원
Total   9,000원

ETC

꽃테이프, 보라색 공단 리본

HOW TO

1 리시안셔스 줄기의 잎들을 깨끗이 다듬어 줍니다.
2 유칼립투스도 중간 아랫부분 잎들을 깨끗이 제거해줍니다.
3 리시안셔스 한 송이와 유칼립투스를 먼저 잡아줍니다.
4 리시안셔스를 다시 추가해준 뒤 유칼립투스를 리시안셔스 사이사이에 꽂아주세요.
5 꽃다발 모양이 어느 정도 완성되면 꽃테이프로 한번 감아주고, 밑단을 깨끗이 정리한 뒤 리본을 묶어주면 완성입니다.

WINTER

많은 종류의 꽃으로 만든 것은 아니지만 이 자체만으로도 매력 있는 꽃다발입니다.
꽃다발을 거꾸로 달아두고 드라이플라워로 잘 말리면 오래도록 예쁜 꽃을 볼 수 있습니다.

28

DAHLIA, GIANT EUCALYPTUS

다 알 리 아 , 유 칼 립 투 스

꽃시장에 가면 다양한 색의 다알리아 종류만 파는 가게가 있습니다.
오늘은 어떤 꽃을 살까 이리저리 한 바퀴, 두 바퀴 꽃시장을 돌다 보면
매번 저도 모르게 다알리아를 파는 꽃집 앞에 서서
어떤 색이 좋을지 고민하고 있는 저를 발견하곤 하는데요.
오늘도 역시나 이곳에 멈춰서 화려한 자태를 뽐내는 다양한 색의 다알리아를 보고 있는데
꽃머리도 크고 꽃잎이 겹겹이 만개한 핑크색 다알리아가 눈에 들어왔습니다.

INGREDIENTS

다알리아	4,000원
유칼립투스(자이언트)	3,000원
Total	7,000원

* 오늘 구매한 다알리아는 싱싱하지 않았습니다. 핑크색의 만개한 꽃을 찾고 있었던 지라 조금 시들었지만 싼 가격에 구매했죠. 싱싱한 꽃이라면 좀 더 가격을 주셔야 될 거에요.

ETC

와이어, 리본

HOW TO

1 다알리아 줄기에 붙은 잎들을 가위로 깨끗하게 다듬어줍니다.
2 유칼립투스도 중간 아랫부분에 붙은 잎들을 가위로 깨끗이 정리해줍니다.
3 다알리아 세 송이를 먼저 잡아준 뒤, 오른쪽으로 다알리아를 계속해서 추가해줍니다.
4 유칼립투스는 다알리아를 받쳐준다는 느낌으로 바깥쪽으로 배치해줍니다.
5 원하는 모양이 나오면 와이어로 고정한 뒤 밑단을 정리해줍니다. 리본으로 묶어주면 완성입니다.

WINTER

EPISODE 28　　DAHLIA, GIANT EUCALYPTUS　　139

유칼립투스

다알리아

색다른 유칼립투스에 도전해보고 싶어서 구매한 자이언트 유칼립투스는 초보인 저에게는 다소 어려운 소재였습니다. 어떤 그림으로 꽃다발이 완성이 될 지 감이 잘 오지 않았죠. 완성된 꽃다발은 다소 어수선한 느낌이 있지만, 유칼립투스 잎만 좀 신경써서 만져주면 더 예쁜 꽃다발이 될 것 같아요.

EPISODE 28   DAHLIA, GIANT EUCALYPTUS   141

29

DIANTHUS CHINENSIS, DUSTY MILLER

석 죽 ,　　백 묘 국

겨울은 날씨만 추운 게 아니라 꽃 가격도 부쩍 올라서, 마음에 드는 꽃을 찾기가 참 힘들고
또 찾았다 해도 가격이 비싸 어떤 꽃을 사야 할지 고민이 많아집니다.
그러다 보니 결국 골라오는 꽃의 가짓수가 두 가지로 좁혀지고 말죠.
곧 크리스마스가 다가오는데 겨울과 크리스마스에 잘 어울리는 꽃이 무얼까 고민하다가 발견한 꽃은
석죽입니다. 아기자기한 붉은색 작은 꽃잎이 은빛 백묘국과 너무 잘 어울릴 듯하여 구매했습니다.

INGREDIENTS

석죽	3,500원
백묘국	6,000원
Total	9,500원

ETC

와이어, 레이스 리본

HOW TO

1 석죽의 줄기에 있는 잎들을 깨끗이 다듬어줍니다.
2 백묘국도 꽃다발에 쓸 윗부분을 제외하고
아래쪽을 깨끗이 다듬어주세요.
3 석죽을 교차로 먼저 잡아줍니다.
4 사이사이에 백묘국도 같이 넣어주세요.
5 다시 석죽을 풍성하게 채워준 뒤 백묘국으로 마무리합니다.
6 와이어로 꽃을 고정한 뒤 밑단을 깨끗이 정리해줍니다.
리본을 묶어주면 완성입니다.

WINTER

백묘국　　석죽

부드럽고 따뜻한 느낌의 꽃다발입니다.
빨간 석죽을 은빛의 백묘국이 은은하게
받쳐주는데요.

EPISODE 29   DIANTHUS CHINENSIS, DUSTY MILLER

오늘은 친구가 놀러와 비슷한 느낌으로
리스도 만들어봤습니다.
리스 재료는 유칼립투스와
빨간 천일홍을 활용했습니다.

30

GYPSOPHILA

안 개 꽃

12월 24일, 오늘은 크리스마스 이브입니다.
크리스마스에 눈이 오기를 손꼽아 기다렸던 시골의 한 꼬마는 나이가 들어서도
하얗게 쏟아지는 크리스마스의 눈이 그렇게 아름답고 따뜻하게 느껴집니다.
날씨 소식을 보니 눈이 올 가능성은 매우 낮은 것 같아서,
그렇다면 오늘은 눈송이 같은 꽃으로 따뜻한 크리스마스 이브를 보낼까 합니다.

INGREDIENTS

안개꽃   8,000원

오늘은 다른 꽃 없이 오롯이 안개꽃만 사용했습니다.

ETC

꽃테이프, 레이스 리본

HOW TO

과정 사진을 찍지 못했습니다.
안개꽃은 다듬을 필요가 별로 없어서
만들면서 필요 없는 가지들만
잘라주었답니다.

WINTER

안개꽃 특유의 향기와 새하얀 눈송이처럼 소복이 내려앉은 꽃송이가

크리스마스의 분위기를 더욱 돋보이게 해주는 것 같습니다.

화병에 꽂아 드라이플라워로 활용해도 좋습니다.

31

GERBERA, DELPHINIUM

거 베 라 , 델 피 늄

31번째 글인데 새해가 지나면 저도 어느새 한 살을 더 먹게 되네요.
서른하면 정말 어른이 되어 있을 줄 알았는데 저는 아직도 철없고 어리숙한,
아직은 성숙하지 못한 어른 같습니다.
어쩌면 어른이 되는 게 무서운 건지도 모르겠습니다. 스스로 책임져야 할 일들이 많아지니까요.
오늘은 아직도 소녀이고 싶은 제 마음을 담은 꽃다발입니다.

INGREDIENTS

거베라	4,000원
델피늄	6,000원
Total	10,000원

ETC

꽃테이프, 스트라이프 리본

HOW TO

1 거베라의 줄기가 꽤 길기 때문에, 꽃다발을 만들기 쉽도록 밑단을 먼저 잘라주세요.
2 델피늄에 붙어 있는 작은 잎들도 깨끗이 정리해줍니다.
3 거베라의 줄기를 받치고 있는 투명 캡은 가위로 반만 잘라내서 꽃을 고정해줍니다. * 거베라의 꽃봉오리 쪽을 보면 꽃잎을 받치고 있는 투명한 캡이 있는데, 이 캡을 다 제거하지 않고 반만 잘라주면 꽃이 확 퍼져버리지 않아 꽃다발을 만들 때 쉬워요.
4 완성된 꽃다발은 꽃테이프로 묶고 밑단을 정리한 뒤 리본으로 장식해주세요.

WINTER

처음 거베라를 활용해 꽃다발을 만들었을 때는

이 꽃을 다루는 게 쉽지 않아 부족한 부분이 많았는데요,

이번에 두 번째로 도전해보니 어느새 꽃다발이 많이 성숙해진 것 같아요. 제 생각이지만요 하하.

활짝 핀 꽃을 좋아하신다면 투명 캡을 제거하고 사용하셔도 되지만

초보인 저는 활짝 핀 꽃다발을 다루는 게 쉽지 않아서, 이번에는 투명 캡을 반만 잘라 사용해봤더니

처음에 도전했을 때보다 훨씬 쉽고 편하게 꽃다발을 만들 수 있었죠.

여성스러운 핑크빛 거베라와 소녀 같은 친구의 모습이 좋아 보입니다.

32

CINERARIA, AMMI MAJUS

시네나리아, 아미초

늘 수요일 아침에 꽃시장에 가다가 이번 주는 시골에 있는 부모님 집에 가게 되었습니다.
그래서 부랴부랴 화요일에 꽃을 구매해 시골길로 떠났죠.
부모님 집에 가는 길은 언제나 신이 나고 설레는 일입니다. 집에 도착하자마자 시장에서 산 꽃을
화병에 꽂아두었는데, 수요일 아침에 일어나 꽃을 보니 시들시들한 모습입니다.
아무래도 부모님 집에 도착해 흥분한 나머지 꽃 관리를 제대로 해주지 않아 시들었나 봅니다.
어떻게 할까 고민을 하다 그나마 싱싱한 아이들로 골라 꽃다발을 만들어주기로 했습니다.

INGREDIENTS

시네나리아	6,000원
아미초	5,000원
Total	11,000원

* 오늘은 1,000원을 추가 지출하였습니다.
아미초가 보통 4,000원인데, 이날은 가격이 5,000원이었어요.
같은 집에서 구매했는데, 아마 화요일이라서 그런 걸까요?
결과적으로는 예산이 조금 초과되었지만, 그래도 하늘하늘한
아미초를 구매할 수 있어서 기분이 좋았습니다.

ETC

와이어, 리본

* 아미초는 국화과에 속하는 꽃인데
원산지는 지중해의 카나리섬이라고 합니다.
카나리섬은 휴양지로 유명한 곳인데요,
그래서인지 이 꽃의 꽃말 또한 '즐겁고
쾌활하며 기쁨이 충만하다' 입니다.

HOW TO

1 아미초와 시네나리아 줄기의 잎들은
깨끗하게 다듬어 줍니다.
2 시네나리아 두 송이와 아미초 한 송이를
잡아주는 것으로 시작합니다.
3 같은 방법으로 꽃을 교차로 계속해서
추가해줍니다.
4 와이어로 묶고, 밑단을 깨끗하게 정리한
다음 리본으로 묶어주면 완성입니다.

WINTER

EPISODE 32　　CINERARIA, AMMI MAJUS　　　　　　　　　　　155

아미초

시네라리아

II. EPISODES   FLOWERS COME TO LIFE   156

꽃이 좀 더 싱싱했더라면 더 예쁜 꽃다발을 만들 수 있었겠지만,
그래도 청보라빛 꽃다발이 근사합니다.
일하고 있는 엄마를 불러놓고 모델 좀 해달라며 부탁을 했는데,
꽃을 보며 좋아하시던 엄마의 미소가 아직도 기억에 선합니다.
집 앞에서 5분 거리에 있는 바다에 꽃다발을 들고 나가 사진을 찍어봤더니
푸른빛 바다와도 아주 잘 어울리네요.

33

TULIP

튤립

튤립은 꽃 색깔마다 꽃말이 여러 가지입니다.
제가 구매한 빨간색 튤립은 '사랑의 고백과 열정'이라는 꽃말을 가지고 있네요.
11월부터 꽃시장에 갈 때마다 항상 눈에 밟히던 아이였는데 가격이 비싸서 구매하지 못했죠.
그래도 늘 가격이 얼만지 물어보곤 했답니다.
오늘도 역시나 가격을 물어봤는데 글쎄 가격이 뚝 떨어져서 5,000원이라지 뭐예요.
두말하지 않고 두 단 구매해서 10,000원을 채웠습니다.

INGREDIENTS

빨간 튤립	5,000원 x 2단
Total	10,000원

* 행운의 날이었습니다. 보통 튤립은 10,000원이 넘는데 오늘은 5,000원이네요.

ETC

라피아 끈

HOW TO

1 튤립은 가장자리 잎 부분만 손으로 살살 벗겨주시거나 가위로 잘라주시면 됩니다.
2 오른쪽에서 왼쪽으로 차근차근 겹쳐서 꽃을 더해줍니다. * 왼쪽에서 오른쪽으로 하셔도 괜찮습니다.
3 어느 정도 완성되면 밑단을 깨끗하게 잘라주세요. * 원하는 길이의 꽃다발이 되도록 잘라주시면 됩니다. 저는 6센티미터 정도 잘랐습니다.
4 자연스럽게 라피아 끈으로 묶어주시면 완성입니다.

WINTER

EPISODE 33   TULIP

II. EPISODES   FLOWERS COME TO LIFE

EPISODE 33　　TULIP

심플하지만 튤립 자체가 너무 예뻐서 간단하지만 아주 멋진 꽃다발이 완성되었습니다.

34

HYDRANGEA, ALSTROEMERIA

수 국 , 알 스 트 로 메 리 아

2월은 새로운 출발을 하는 어린 청춘들의 열정이 느껴지는 달인 듯합니다.
힘겨운 입시의 사투를 끝내고 대학교라는 새로운 곳으로 가기 위해,
설레는 마음을 한아름 가슴에 담고 하루하루 두근대는 나날을 보내고 있겠지요.
이런 청춘들의 졸업식에는 어떤 꽃이 어울릴까 고민해보았습니다. 그래서 꽃시장에 가기 전에
꽃말들을 찾아봤는데, 핑크색 수국은 '소녀의 꿈'이라는 꽃말을 가지고 있고
알스트로메리아는 '배려와 우정, 새로운 만남'이라는 꽃말을 가지고 있네요.
낯설고 익숙하지 않은 세상과 또 한 번 맞서게 될 어린 친구들에게 응원을 보냅니다.

INGREDIENTS

수국	5,000원
알스트로메리아	3,000원
Total	8,000원

ETC

꽃테이프, 린넨 리본

HOW TO

1 수국은 잘 다듬어져 있어 따로 손질이 필요 없네요.
알스트로메리아의 줄기는 너무 길어 꽃을 다듬기 전에 아랫부분만 임시로 잘라주었습니다.

2 알스트로메리아 줄기에 있는 잎과 꽃송이 바로 아래 줄기에 있는 잎들을 깨끗이 다듬어줍니다. 수국은 잎조차 너무 아름다워 손질하지 않았어요.

3 수국의 가장자리를 알스트로메리아로 돌아가며 채워줍니다.

4 가장자리가 잘 채워지면 꽃테이프로 감아주고 밑단을 깨끗하게 정리해줍니다.

5 리본을 밑에서 5센티미터 정도 떨어진 길이에 잡아준 뒤 오른쪽으로 리본을 감아서 묶어줍니다.

6 양면테이프를 리본 끝부분 안쪽에 붙여 마무리해주시면 완성입니다.

SPRING

꽃다발이 핑크톤이다보니 포장을 할 때 검은색 종이를 사용하면
꽃이 더 돋보이고 고급스러운 느낌도 잘 표현되는 것 같습니다.

EPISODE 34   HYDRANGEA, ALSTROEMERIA

35

RANUNCULUS

라넌큘러스

'매력과 매혹'이라는 꽃말을 가지고 있는 꽃 라넌큘러스.
붉은빛이 강하게 도는 라넌큘러스를 보니 마치 오늘 이 꽃을 사지 않으면 안 될 것처럼
저는 라넌큘러스의 매력에 흠뻑 빠져버렸습니다.
얇은 꽃잎이 수없이 겹쳐진 이 꽃은 습지대에서 서식하는데
줄기가 가늘고 약하니 손질하실 때 조심히 다루어줘야 합니다.

INGREDIENTS

라넌큘러스　　4,000원 x 2단
Total　　　　　8,000원

ETC

꽃테이프, 리본

HOW TO

1 기다란 라넌큘러스의 줄기는 다듬기 전에 한번 잘라주세요.
2 줄기가 약하니 살살 조심하면서 잎들을 깨끗이 정리해줍니다.
3 라넌큘러스 세 송이를 먼저 잡아줍니다.
4 오른쪽 방향으로 꽃을 한 송이씩 추가해줍니다.
5 꽃다발이 완성되면 꽃테이프로 줄기를 감아준 뒤, 밑단을
　깨끗하게 정리하고 리본으로 묶어주면 완성입니다.

SPRING

깊이 있고 풍성한 레드 컬러와 겹겹이 쌓인 잎들이 고급스럽습니다.
완성된 꽃다발의 리본을 제거하고 화병에 꽂아두니 너무 화사합니다.

EPISODE 35　　　RANUNCULUS

36

COWANII, EUCALYPTUS

코 아 니 , 유 칼 립 투 스

꽃시장을 몇 바퀴 둘러보던 중 이제 막 핀듯한 새하얀 꽃잎이 지나가는 발길을 멈춰 세웠습니다.
이 꽃의 이름은 코아니인데 웨딩 부케로 많이 쓰인다고 하네요.
코아니의 꽃말은 '순진함'과 '천진난만'입니다.

INGREDIENTS

코아니	7,000원
유칼립투스	3,000원
Total	10,000원

ETC

꽃테이프, 린넨 리본

HOW TO

1 코아니는 따로 손질할 필요가 없이 줄기가 아주 깨끗합니다.
* 코아니의 꽃송이가 무거워 휘어질 수 있으니 와이어를 줄기에 찔러준 뒤 꽃테이프로 줄기를 감아주세요.
2 유칼립투스는 중간 아랫부분의 잎들을 깨끗이 정리해주세요.
3 코아니 한 송이와 유칼립투스 줄기 두 개를 교차로 잡아줍니다.
4 다시 코아니를 추가해주고 유칼립투스도 오른쪽 방향으로 돌려가며 더해줍니다.
5 꽃다발이 어느 정도 완성되면 꽃테이프로 감아준 뒤 밑단을 정리하고 리본으로 묶어줍니다.

SPRING

II. EPISODES   FLOWERS COME TO LIFE   172

EPISODE 36   COWANII, EUCALYPTUS   173

꽃말처럼 순진무구한 느낌의 새하얀 코아니와 유칼립투스 꽃다발입니다.
청순한 모습의 이 꽃다발은 사랑하는 사람에게 전해주면 좋을 것 같아요.

37

FREESIA

프 리 지 아

봄이 오기 시작하니 꽃시장 곳곳에서 겨울에 볼 수 없었던 다양한 꽃들을 볼 수 있었습니다.
블로그의 이웃님께서 어머님이 좋아하시는 꽃이라며 프리지아 꽃다발을 언급해주셨는데요.
그래서 이번 에피소드는 '시작'과 '순결', '천진난만'이란 꽃말을 가지고 있는 프리지아를 선택했습니다.
노란빛 프리지아는 봄의 시작을 알리고, 흰색 프리지아는 순결함을 알리는 듯합니다.

INGREDIENTS

노란색 프리지아	2,500원
흰색 프리지아	5,000원
Total	7,500원

* 이곳저곳을 다니면서 가격을 물어봤는데 흰색 프리지아는 노란색 프리지아보다 흔하지 않아서 그런지, 조금 비싼 5-9,000원 정도였습니다.
* 저는 사진을 찍기 위해 꽃이 다 핀 프리지아를 선택했습니다.

ETC

꽃테이프, 레이스 리본

HOW TO

1 프리지아는 줄기가 매끈해서 따로 정리할 부분이 없는 꽃입니다. 사진에 보이는 줄기의 잎을 약간씩 정리해주는 정도였습니다.
2 노란색과 흰색 프리지아를 조금씩 잡아 줍니다.
3 노란색 프리지아를 한 송이씩 오른쪽으로 돌려가며 추가해준 뒤 흰색 프리지아로 바꿔 마찬가지로 오른쪽으로 계속해서 꽃을 더해줍니다. 노란색에서 흰색, 다시 노란색으로 레이어를 만들어줍니다. 똑같은 방식으로 두어 번 반복합니다.
4 꽃다발이 어느 정도 완성되면 꽃테이프로 윗단과 아랫단을 감아주세요.
5 밑단을 깨끗하게 가위로 잘라준 뒤 레이스 리본을 묶어줍니다.

SPRING

꽃 손질을 많이 할 필요가 없어 아주 간단하게 만들기 좋은 꽃다발입니다.
글을 올리고 얼마 지나지 않아 많은 분들이 본인의 어머니께서도
이 꽃을 좋아한다며 코멘트를 남겨주셨습니다.
물론 부탁하셨던 이웃님도 너무 감사하다며 글을 남겨주셨죠.

EPISODE 37 FREESIA

38

ANEMONE, RANUNCULUS

아네모네, 라넌큘러스

오늘은 두근두근 설레는 핑크빛 꽃다발을 만들어보려고 합니다.
그린 소재 없이 꽃으로만 만들어본 꽃다발 입니다.

INGREDIENTS

아네모네	3,000원 x 2단
라넌큘러스	2,000원 x 2단
Total	10,000원

* 한 달 전만 해도 이 가격으로 재료를 사는 것은 생각도 못했는데, 봄이 와서 그런지 꽃들도 가격이 내려가고 기분 좋은 구매로 하루를 시작하게 되었습니다.

ETC

꽃테이프, 핑크색 스트라이프 리본

HOW TO

1 아네모네는 따로 정리할 필요 없이 바로 사용하시면 됩니다.
2 아네모네와 라넌큘러스를 한 송이씩 잡아줍니다.
3 라넌큘러스와 아네모네를 오른쪽 방향으로 계속해서 추가해주세요.
4 생각해둔 꽃다발 모양이 완성되면 줄기를 꽃테이프로 감아주세요.
5 밑단을 가위로 깨끗이 다듬은 뒤 리본으로 묶어주면 완성입니다.

SPRING

아네모네

라넌큘러스

분홍색 라넌큘러스와 하얀 아네모네를 활용한 이번 꽃다발은 웨딩 부케와
부토니에로 만들어보았습니다. 화사한 색감이 결혼식에 사용해도 좋을 것 같아요.
꽃병은 엄마가 고추장을 담아주셨던 병인데 이렇게 꽃을 담아놓으니까 너무 근사해졌습니다.
소스병, 유리병, 술병 등 다 쓴 병의 라벨만 떼어내면 이렇게 멋진 화병으로 변신이 가능합니다.

EPISODE 38   ANEMONE, RANUNCULUS   183

39

HYDRANGEA, THISTLE, JASMINE BRANCH

수 국, 엘엔지움, 자스민 가지

아무런 생각 없이 집을 나서 막연하게 꽃시장에 도착했을 때 제일 먼저 눈에 들어온 소재는
엘엔지움이었습니다. 까실해 보이는 겉모습이 처음 접해보는 꽃이었어요.
우리나라 숲에서 볼 수 있는 꽃은 분명 아닌 듯 보여 사장님께 물어보니 엘엔지움이라고 합니다.
엉겅퀴과에 속하는 엘엔지움은 줄기가 까칠까칠해서 맨손으로 잡기에는 다소 불편해요.
하지만 은은한 보라빛이 너무 아름답습니다.

INGREDIENTS

수국	2,000원
엘엔지움	5,000원
자스민 가지	4,000원
Total	11,000원

* 엘엔지움과 어울리는 꽃들이 뭐가 있을까 고민하다가
마침 수국이 저렴하게 나왔길래 예산에서 1,000원이 넘어갔지만
구매하게 되었습니다. 수국이 저렴한 이유가 꽃잎 부분 쪽에
약간씩 시든 게 보였는데 그래서 그런 것 같아요.
그래도 집에 와서 꽂아보니까 너무 예쁜데요?

* 엘엔지움이라는 꽃은 영어로 'blue thistle'인데 찾아보니
엉겅퀴라고도 나오네요.

ETC

꽃테이프, 레이스 리본

HOW TO

1 자스민 가지는 아래쪽 잎들만 깨끗이 정리해줍니다.
2 엘엔지움도 줄기에 붙은 잎들을 깨끗이 정리해줍니다. * 줄기가 까실하니 장갑을 끼고 잎을 제거하거나 가위로 잘라주세요.
3 수국, 엘엔지움, 자스민 가지를 하나씩 잡아줍니다. 수국은 따로 잎을 자르지 않고 그대로 사용했습니다.
4 수국 꽃잎 사이, 자스민 사이사이에 엘엔지움을 넣어주세요.
5 자스민 잎을 좀 더 추가해주고 엘엔지움도 더 추가해 줍니다.
6 꽃다발의 줄기를 꽃테이프로 감은 뒤 밑단을 잘라줍니다. 리본으로 깨끗하게 묶어주면 완성입니다.

SPRING

EPISODE 39　　HYDRANGEA, THISTLE, JASMINE BRANCH

자스민 가지

엘렌지움

수국

보통은 유칼립투스를 그린 소재로 많이 구매하는데 이번 에피소드에서는
짙은 초록빛의 자스민 잎을 사용했더니 길게 쭉 뻗은 나뭇가지가 시원해 보입니다.
고스란히 화병에 꽂아두었더니 엘엔지움 특유의 독특한 감성이 느껴져
테이블 플라워로도 좋은 것 같아요.

40

HYDRANGEA PANICULATA, RANUNCULUS

목 수 국 ,   라 넌 큘 러 스

오늘따라 목수국이 시장에 아주 많이 보였습니다.
그래서 목수국과 가격이 정말 저렴하게 내려간 노란색 라넌큘러스를 구매했습니다.
목수국은 '냉정'과 '무정'이라는 꽃말을 가지고 있는데,
'매혹'과 '매력'이라는 꽃말을 가지고 있는
라넌큘러스와 만나면 어떻게 될까요?

INGREDIENTS

목수국	6,000원
라넌큘러스	2,000원 x 2단
Total	10,000원

ETC

꽃테이프, 린넨 리본

HOW TO

1 라넌큘러스와 목수국의 아랫부분에 있는 잎을 사진처럼 깨끗이 정리해주세요.

2 라넌큘러스 한 송이를 먼저 잡아줍니다. 그러고 나서 목수국을 한 송이 더해줍니다.

3 라넌큘러스 한 송이를 더 추가해준 뒤 무겁고 흔들거리는 목수국은 사진처럼 꽃테이프로 윗부분을 한 번 감아줍니다.

4 좀 더 안정적인 상태에서 목수국을 하나 더 추가해줍니다.

5 라넌큘러스를 좀 더 추가해줍니다. 라넌큘러스를 꽃다발 사이사이에 넉넉히 넣어주세요.

6 다 만들고 나니 왠지 조금 허전한 느낌이 듭니다. 그래서 저는 이전 에피소드에 쓰고 남은 자스민 가지를 추가했어요.

7 어느 정도 완성된 꽃다발을 꽃테이프로 감아주고 아랫부분을 깨끗이 다듬어준 뒤 리본을 묶어주면 완성입니다.

SPRING

집에 자스민 가지가 남아있지 않았더라면 어땠을까 싶어요.
허전할 뻔했던 꽃다발이 자스민 잎으로 좀 더 풍성해지고 생기도 있어 보입니다.

41

STOCK, THISTLE

스토크, 엉겅퀴

스토크의 꽃말은 '역경 속에서도 변하지 않는 사랑'입니다. 하지만 꼭 사랑이 아니더라도
살다 보면 의도치 않은 일들이 불쑥 찾아와 마음을 어지럽히곤 하지요.
인생의 역경을 슬기롭게 이겨낼 수 있는 힘을 가지고 있는 꽃이라고 생각하니까
스토크가 괜시리 멋져 보입니다. 단순히 힘이 든다는 이유로 포기하거나
어리석은 생각을 하곤 하는 저를 되돌아보게 되네요.
이번 에피소드에 준비한 꽃은 멋진 꽃말을 가진 스토크와 엉겅퀴입니다.

INGREDIENTS

스토크	3,000원
엉겅퀴	5,000원
Total	8,000원

* 이번에 구입한 엉겅퀴는 아시아 지역에서 많이 나는 꽃입니다.

ETC

꽃테이프, 스트라이프 리본

HOW TO

1 스토크 한 다발을 잡으면 줄기마다 꽃들이 피어난 것을 볼 수 있습니다. 줄기를 잘라주면 대략 일곱 송이 정도의 꽃송이로 나눠집니다. 송이마다 줄기에 붙어있는 잎들을 깨끗하게 정리해줍니다.

2 엉겅퀴도 스토크와 마찬가지로 다듬어 줍니다.
* 엉겅퀴의 잎은 까슬해서 장갑을 끼고 정리하는 게 좋아요.

3 스토크와 엉겅퀴를 각 한 송이씩 먼저 잡아주고 여기에 꽃을 한 송이씩 더해주시면 됩니다. 꽃다발을 오른쪽으로 돌려가면서 계속해서 추가해줍니다.

4 어느 정도 꽃다발이 완성되면 꽃테이프로 감아줍니다. 들쑥날쑥한 줄기는 가위로 깨끗이 잘라주고 리본을 테이프 위로 예쁘게 묶어주면 완성입니다.

SPRING

스토크

엉겅퀴

미술 전시회에 갔다가 구매한 포스터를 배경으로 한 컷 찍어보았는데,
핑크빛 꽃다발이 로스코의 파란 그림과도 잘 어울리네요.

EPISODE 41   STOCK, THISTLE   195

42

LISIANTHUS, EUCALYPTUS

리 시 안 셔 스 ,   유 칼 립 투 스

어릴 적을 생각하면 떠오르는 기억과 추억들을 가지고 계신가요?

드문드문 생각나는 추억의 조각을 맞출 때면, 본인도 모르게 미소가 지어질 때가 있나요?

오늘은 사랑하는 조카에게 특별한 추억을 만들어주었습니다.

조카가 어른이 될 때면 어렴풋한 기억으로만 남겠지만

찍힌 사진들을 보면 흐뭇한 미소를 짓게 되겠죠?

INGREDIENTS

리시안셔스	6,000원
유칼립투스	5,000원
Total	11,000원

* 큰 잎의 유칼립투스를 사용하는 바람에 1,000원을 더 지출했네요. 작은 잎의 유칼립투스는 4,000원에 거뜬히 구매하실 수 있을 거예요.

ETC

꽃테이프, 린넨 리본

HOW TO

1 유칼립투스와 리시안셔스 줄기에 있는 잎을 깨끗이 제거해주세요.

2 유칼립투스와 리시안셔스를 한 송이씩 잡은 다음 같은 방법으로 두어 송이 더 추가해줍니다.

3 꽃을 풍성하게 더 추가한 뒤 사이사이에 남은 유칼립투스를 더해줍니다.

4 꽃다발이 어느 정도 완성되면 꽃테이프로 고정한 뒤 줄기를 깨끗하게 다듬어줍니다.

5 테이프 위로 리본을 감아주면 완성입니다.

SPRING

EPISODE 42   LISIANTHUS, EUCALYPTUS   197

리시안셔스

유칼립투스

빈티지한 색감이 아름답고 풍성한 꽃다발입니다.
조카가 꽃을 받고 기분이 좋았는지 꽃다발을 들고 이리저리 뛰어다니는 바람에
꽃다발이 금세 흐트러졌지만 이 몇 장의 사진들이 언젠가 멋진 추억으로
조카의 기억 속에 가득하기를 바랍니다.

EPISODE 42 LISIANTHUS, EUCALYPTUS

43

BRIDAL WREATH, EUCALYPTUS

조팝나무, 유칼립투스

조팝나무는 '헛수고', '하찮은 일' 또는 '노련하다'라는 꽃말을 가지고 있는데,
제가 만지고 보아온 조팝나무와는 정말 일맥상통하지 않는 꽃말인 것 같습니다.
저에게 조팝나무는 포근하고 따사로우며 보슬보슬하게 작은 꽃이 활짝 핀 풍성한 꽃이었습니다.
꽃다발 사진을 여기저기서 찾아보던 중 무척 풍성하고 아름다운 꽃다발 사진을 보며
"저런 꽃다발은 도대체 얼마의 가격이 드는 걸까?
나도 과연 내 에피소드에 저렇게 풍성한 꽃다발을 만들어 보일 수 있을까?" 하고 고민했었습니다.
그런데 조팝나무 하나로 저도 남부럽지 않은 풍성한 꽃다발을 완성할 수 있었어요.

INGREDIENTS

조팝나무	5,000원
유칼립투스	5,000원
Total	10,000원

ETC

꽃테이프, 린넨 리본

HOW TO

1 조팝나무의 가지를 원하는 길이만큼 잘라줍니다. 잔가지들도 깨끗이 정리해주세요.

2 유칼립투스도 줄기에 붙은 잎들을 깨끗이 제거해줍니다. 이때 유칼립투스의 길이는 다양하게 준비해둡니다.

3 유칼립투스와 조팝나무 가지를 하나씩 먼저 잡아줍니다.

4 오른쪽으로 돌려가며 유칼립투스와 조팝나무를 골고루 추가해줍니다.

5 어느 정도 꽃다발이 완성되면 꽃테이프로 감아준 뒤 들쑥날쑥한 가지를 깨끗이 잘라줍니다.

6 꽃테이프 위로 리본을 묶어주면 완성됩니다.

유칼립투스

조팝나무

조팝나무는 메인이 되는 꽃을 받쳐주는 역할로 많이 사용한다고 들었는데
제 눈에는 메인 꽃으로도 나무랄 데가 없는 풍성한 꽃입니다.

44

PEONY, EUCALYPTUS

작 약 , 유 칼 립 투 스

꽃 중에서 가장 화려한 꽃은 무엇일까요?
한 송이만으로도 우아함과 기품이 느껴지는 꽃, 바로 작약입니다.
항상 구매하고 싶었지만 만만치 않은 가격 때문에 망설이곤 했었는데 요즘이 제철이라 그런지,
혹은 제가 운이 좋았던 건지 비싸게만 느껴졌던 작약을 저렴한 가격으로 한 단 구매했습니다.
핑크빛 아름다운 꽃 작약의 꽃말은 '수줍음'입니다.

INGREDIENTS

작약   6,000원
유칼립투스   4,000원
Total   10,000원

* 오늘 제가 구매한 유칼립투스는 싱싱하지 않아서 속상합니다.
그린 소재를 구매하실 때는 잎이 시들지 않았는지 꼭 확인해보고
구매하세요.
* 시장에서 구매한 작약을 집에서 일주일 정도 물에 담가두면
몽우리져 있던 꽃이 만개합니다.

ETC

꽃테이프, 라피아 끈

HOW TO

1 유칼립투스와 작약의 줄기에 붙은 잎들은
깨끗하게 정리해줍니다.
2 작약 두 송이를 먼저 잡아주고
유칼립투스를 가장자리에 추가합니다.
3 다시 작약을 추가하고 유칼립투스를
더해줍니다.
4 꽃다발이 어느 정도 완성되면
꽃테이프로 감아줍니다.
5 감아준 테이프 위로 라피아 끈을
묶어준 뒤 줄기를 깨끗하게 다듬어주면
완성됩니다.

SPRING

흰색에서 연 분홍빛으로 농담이 짙어지는 작약 꽃다발의 색은
'수줍음'이라는 꽃말과는 다르게 화려하고 우아합니다.

# 45

SUNFLOWER, TUBEROSA

해 바 라 기 ,   투 베 로 사

저희 부모님 집은 앞은 바다, 뒤는 산인 해안가에 위치해 있습니다.
여름을 막 눈앞에 두고 있는 오월의 시골 밤은 개구리들의 울음소리로 밤 공기를 가득 채우죠.
개구리들이 밤새 어찌나 울어대던지 이제 정말 여름이 코앞으로 다가온 듯 했습니다.
여름하면 저는 왜 해바라기가 생각날까요? '기다림'이라는 꽃말을 가지고 있는 꽃 해바라기.
여름이 오려면 아직 한참이나 남았지만 해바라기가 눈앞에 아른거려 기다릴 수 없었던 저는
꽃시장을 가기 위해 집을 나설 때부터 이 꽃을 사기로 마음먹었습니다.

INGREDIENTS

해바라기	1,000원 x 3묶음
투베로사	5,000원
Total	8,000원

ETC

꽃테이프

HOW TO

1 해바라기는 줄기가 길어서 가위를 이용해 적당한 길이로 잘라줍니다.
2 투베로사의 줄기 아랫부분의 잎들을 깨끗하게 정리해줍니다.
3 해바라기와 투베로사를 각각 한 송이씩 잡아주세요.
4 각각의 꽃을 겹치지 않게 더해줍니다.
5 어느 정도 꽃다발 모양이 완성되면 꽃테이프로 감아줍니다.
6 꽃의 밑단을 깨끗하게 잘 정리해주면 완성입니다.

SPRING

햇살처럼 따뜻한 꽃 해바라기는 꽃 자체가 풍성해서
투베로사를 꼭 사용하지 않아도 멋진 꽃다발을 만들 수 있을 것 같아요.
여름이 다가오는 오월에 잘 어울립니다.

46

SCABIOSA, YARROW

스 카 비 오 사 ,   야 로 우

꽃시장에 갈 때마다 마주쳤던 들꽃 같은 저 꽃은 기회가 되면 꼭 예쁜 꽃다발로 만들고 싶다고
종종 생각했습니다. 가격은 한 단에 7,000원에서 8,000원 정도로 꽤나 비싼 꽃이었습니다.
날씨도 풀리고 여름도 다가오고 하니 꽃값이 조금은 내려갔을까 기대하며
오늘 다시 가격을 물어보았습니다. 우와, 4,000원이랍니다.
주저하지 않고 꽃을 구매했는데 벌써 눈치 채셨겠지만 그 꽃은 바로 스카비오사입니다.
'이루어질 수 없는 사랑'이라는 슬픈 꽃말을 담고 있네요.

INGREDIENTS

스카비오사   4,000원 x 2단
야로우   3,000원
Total   11,000원

* 스카비오사 두 단을 구매했지만 사실 다 사용하진 않았습니다.
한 단에 열 송이인데 한 단으로도 꽃다발 만들기에는
충분할 것 같아요.

ETC

꽃테이프, 레이스 리본

HOW TO

1 꽃의 줄기에 붙은 잎은 깨끗이
정리해줍니다.
2 스카비오사, 야로우를 두 송이씩
잡아줍니다.
3 2번의 과정을 두세 번 반복해 줍니다.
4 꽃다발이 풍성해지면 들쭉날쭉한
줄기는 가위로 가지런히 잘라주세요.
5 꽃테이프를 감아준 뒤 리본으로
묶어주면 완성됩니다.

SPRING

스카비오사

야로우

슬픈 꽃말과는 반대로 스카비오사에는 여성스러운 아름다움이 곳곳에 배어 있는 것 같아요.
하늘하늘한 웨딩드레스와 너무 잘 어울릴 것 같은데,
결혼과는 어울리지 않는 꽃말을 담고 있어 아쉽네요.

47

DELPHINIUM, DIDISCUS

미 니 델 피 늄 , 디 디 스 커 스

어느 날 불쑥 제 삶에 찾아와 이제는 빼놓고 얘기할 수 없는 존개가 된 꽃.
꽃시장으로 향하는 발걸음부터 꽃을 구매하고, 집으로 돌아와 꽃을 만지고 정리하고,
또 예쁘게 다듬어 제 이야기를 기다리는 사람들에게 소식을 전하는 매 순간순간이
참 따뜻하고 행복합니다. 꽃이 있었기에 소통도 가능하게 되었지요.
'당신을 행복하게 해드릴게요' 델피늄이 가지고 있는 꽃말입니다.
작은 꽃송이가 전하는 따뜻한 이야기가 얼었던 마음을 녹여주고 달래주는 것 같아요.

INGREDIENTS

미니 델피늄	6,000원
디디스커스	3,000원
Total	9,000원

ETC

꽃테이프, 린넨 리본

HOW TO

1 각 소재 줄기의 잎을 깨끗하게 다듬어줍니다.
2 디디스커스 여러 송이를 먼저 잡아주세요.
3 디디스커스 사이에 미니 델피늄 서너 송이를 추가해줍니다.
4 다시 디디스커스를 추가하고, 델피늄을 또 추가해줍니다.
* 한 송이씩 추가하지 말고 한 번에 여러 송이씩 더해주세요.
  그래야 꽃다발이 풍성해져요.
5 어느 정도 꽃다발이 완성되면 꽃테이프로 감아줍니다.
6 밑단을 깨끗하게 정리해준 뒤 린넨 리본을 감아주면
완성됩니다.

SUMMER

청순한 느낌이 물씬 풍기는 시원한 꽃다발입니다.
정리된 꽃을 화병에도 꽂아봤는데 여름하고 아주 잘 어울립니다.

48

CRASPEDIA, SORBARIA, ASTER, PHYSOSTEGIA, AMMI MAJUS

골든볼, 신지메, 공작초, 각기도라, 아미초

'만 원으로 꽃다발 만들기' 프로젝트를 시작한 지 일 년쯤 지나가니까
꽃의 종류도 이름도 이전보다는 정말 많이 알게 되었습니다.
곳곳에 피어있는 들꽃들이 저렴한 가격으로 시장에서 유통되고 있다는 사실도 재미있었지만
시장에서 구매했던 꽃들을 들판에서 마주쳤을 때의 기쁨도 짜릿합니다.
조카와 함께 구경 갔던 동물원에서 개인적으로 무척이나 좋아하는 꽃인 신지메를 보게 되었을 때
말은 안 했지만 혼자서 괜스레 뿌듯하고 바보처럼 웃고 있었죠.
신지메는 꽃이 피기 전에는 구슬 아이스크림처럼 동글동글한 꽃 몽우리가 잔뜩 달려있는데 꽃이 피면
눈꽃처럼 하얀 꽃들이 소복해집니다. 꽃시장에서는 여름에만 만날 수 있어 더욱 특별한 것 같습니다.

INGREDIENTS

골든볼	2,000원
신지메	2,000원
공작초	1,500원
각기도라	2,500원
아미초	2,000원
Total	10,000원

ETC

꽃테이프, 리본

HOW TO

1 각 줄기에 붙은 잎들을 깨끗하게 정리해줍니다.
2 각기도라, 신지메, 공작초를 하나씩 잡아줍니다.
3 왼쪽에서 오른쪽 방향으로 신지메, 공작초, 각기도라를 좀 더 추가해줍니다. 아미초와 골든볼은 아직 추가하지 않았습니다.
4 아미초와 골든볼 그리고 신지메 순으로 왼쪽에서 오른쪽 방향으로 하나씩 추가해줍니다. 아미초와 공작초, 골든볼 순으로 다시 한번 추가해줍니다.
5 꽃다발이 완성되면 꽃 테이프로 감아줍니다.
6 밑단을 깨끗하게 잘라주고 리본으로 예쁘게 묶어주면 완성입니다.

SUMMER

마치 들에서 바로 꽃을 꺾어 만든 것 같은 이번 에피소드 꽃다발이 개인적으로 너무 마음에 듭니다.
손끝에 스치는 바람과 잔잔한 꽃향기가 코끝에 스치는,
그런 들판에서 만들어 봄직한 수수한 꽃다발이에요.

49

LISIANTHUS, EUCALYPTUS, CHASMANTHIUM

리시안셔스, 유칼립투스, 유니폴라

언젠가 기회가 되면 그린 컬러의 멋진 꽃다발을 만들어보고 싶었는데
만 원이라는 가격의 제한 때문에 늘 주저하곤 했습니다.
하지만 여름이라서 그런지 겨울에는 상상도 할 수 없었던 가격의 다양한 꽃들을
저렴한 가격으로 구매할 수 있어서 그동안 생각하던 꽃다발을 만들어봤습니다.

INGREDIENTS

리시안셔스	1,000원 x 2단
유칼립투스	2,000원
유니폴라	5,000원
Total	9,000원

ETC

꽃테이프, 라피아 끈

HOW TO

1 줄기의 잎들을 깨끗하게 정리해줍니다. 유니폴라는 줄기가 너무 길어서 적당한 길이로 먼저 잘라주고 가지에 붙은 잎들을 정리해주세요.
2 유칼립투스 줄기 아랫부분에 붙은 잎들도 깨끗이 정리해줍니다.
3 유칼립투스와 리시안셔스, 유니폴라를 먼저 잡아줍니다.
4 각 꽃마다 두 송이씩 더 추가해줍니다.
* 유니폴라는 줄기가 가녀린 편이라 세 송이나 네 송이를 추가해주셔도 됩니다.
5 4번 과정을 두어 번 정도 반복하면 풍성한 꽃다발이 연출됩니다.
6 꽃다발 밑단을 깨끗하게 가위로 잘라주고 꽃테이프로 고정해준 뒤 리본이나 라피아 끈으로 묶어주세요.
* 처음에 혼자서 꽃다발을 만들 때는 스파이럴 형태를 잡는 게 어려웠는데 이제 일 년쯤 되니까 혼자서도 쉽게 할 수 있게 됐습니다. 스파이럴로 꽃을 잡아주니까 중간에 꽃 추가하기도 쉽고 꽃을 테이블에 세워둘 수도 있어 여러모로 편한 것 같아요.

SUMMER

여름에 잘 어울리는 그린 부케입니다.
늘 메인으로 사용하던 하얀색 리시안셔스였는데,
오늘은 유니폴라와 유칼립투스의 싱그러움이 잘 연출되도록
서브 역할을 제대로 해준 것 같습니다.

50

SORBARIA, FOXTAIL

신 지 메 ,   강 아 지 풀

오늘 꽃시장에서 발견한 소재는 어릴 적 친구들과 이것 하나면 하루 종일 웃고 장난치며
시간을 보낼 수 있었던 강아지풀입니다. 시장에서 강아지풀을 발견한 순간
풋풋했던 어린 시절의 제 모습을 떠올려 보기도 했죠.
꽃시장에 있는 강아지풀은 흔히 길가에서 보이는 강아지풀보다는 크고 화려합니다.
강아지풀을 집에서 직접 기르셨다는 꽃집 사장님의 자부심이 대단하셨습니다.

INGREDIENTS

신지메	4,000원
강아지풀	7,000원
Total	11,000원

* 불과 몇 주전에 신지메를 구입했을 때는 한 단이 2,000원이었는데 오늘은 가격이 껑충 뛰었네요.

ETC

꽃테이프, 라피아 끈

HOW TO

1 신지메를 다듬어줍니다. 줄기에 붙은 잎을 다 떼어주거나 혹은 위쪽 잎만 남겨두고 모두 제거해줍니다. 강아지풀은 다듬을 필요 없이 바로 사용 가능합니다

2 강아지풀 서너 줄기와 신지메 한 송이를 먼저 잡아줍니다.

3 강아지풀을 과감하게 네다섯 줄기 추가해주고 신지메 한 송이도 추가해줍니다.

4 왼쪽부터 차근차근 돌려가면서 꽃을 추가해주면 한쪽으로 소재가 쏠리지 않은 꽃다발이 연출됩니다.

5 어느 정도 완성되면 꽃테이프로 감아준 뒤 라피아 끈으로 테이프가 보이지 않도록 다시 감아줍니다.

SUMMER

강아지풀   신지메

풍성한 강아지풀이 하얀 신지메를 만나 부드럽고 포슬포슬한 느낌이 잘 전달되는 것 같아요. 소박하고 순박하지만 꾸밈없어 보이는 이런 부케도 참 좋아 보입니다.

51

DIANTHUS CHINENSIS, CALLISTEPHUS, SMALL CHRYSANTHEMUM

석죽, 과꽃, 다이아몬드 소국

사탕처럼 달콤해보이고 러블리한 모습의 과꽃.

꽃말 또한 '믿음직한 사랑'이라는 뜻을 담고 있어 두근두근 설레는 첫사랑이 생각나는 그런 꽃입니다.

한동안 그린 컬러의 부케를 만들다가 아기자기하고 사랑스러운 꽃다발을 만들고 싶어서 선택한

이번 에피소드의 꽃은 다양한 색감이 포인트입니다.

INGREDIENTS

석죽	4,000원
과꽃	3,000원
다이아몬드 소국	1,500원
Total	8,500원

ETC

꽃테이프, 린넨 리본

HOW TO

1 과꽃과 석죽 줄기의 잎은 깨끗하게 정리해주세요.

2 처음 시작할 때부터 석죽과 과꽃, 소국 여러 송이를 섞어서 잡아줍니다.

3 꽃다발을 돌려가면서 꽃을 추가해주세요.

4 어느 정도 모양이 나오면 꽃테이프로 감아준 뒤 밑단을 정리하고, 리본을 묶어주면 멋진 꽃다발이 완성됩니다.

SUMMER

핑크색과 보라색 그리고 흰색의 조합이 복잡미묘하고 설레는 사랑의 감정을 잘 표현하는 것 같습니다.
러블리하고 아기자기한 꽃다발을 좋아하는 분들에게 적극 추천하는 꽃다발입니다.

유칼립투스가 마침 집에 있어서
오늘 사용한 꽃 몇 송이와 함께
꽃다발을 잡아봤습니다.
이렇게 화병에 꽂아두면
오래도록 꽃을 감상할 수 있겠죠?

52

COCKSCOMB, PHLOX, CALLISTEPHUS, EUCALYPTUS

맨드라미, 플록스, 과꽃, 유칼립투스

드디어 52번째, 마지막 꽃다발 에피소드입니다.
꽃에 관해서 문외한이던 제가 지난 일 년여 동안 꽃을 만지면서
다양한 경험과 꽃에 관해서 배우게 되었습니다.
따로 클래스를 듣지 않고 혼자서 만들다보니 때로는 미숙한 꽃다발도 만들고
때로는 멋진 꽃다발을 만들기도 했죠.
마지막 에피소드는 실수가 잦았던 맨드라미를 이용한 꽃다발입니다.

INGREDIENTS

맨드라미	2,000원
플록스	3,000원
과꽃	2,500원
유칼립투스(파블로)	2,500원
Total	10,000원

ETC

꽃테이프, 라피아 끈

HOW TO

1 플록스와 과꽃, 맨드라미, 유칼립투스 줄기의 잎들을 깨끗하게 다듬어줍니다.

2 플록스 한 송이와 유칼립투스 한 송이를 잡아준 뒤, 과꽃 두어 송이를 추가해줍니다.

3 유칼립투스, 과꽃, 플록스를 오른쪽 방향으로 좀 더 추가해주세요. 맨드라미도 꽃 사이사이에 더해줍니다.

4 어느 정도 완성되면 꽃테이프로 묶어준 뒤, 밑단을 잘라 정리하고 라피아 끈으로 묶어줍니다.

SUMMER

정열적인 레드 컬러의 꽃다발이 완성되었습니다.
친구들과 여행가는 길에 꽃다발도 함께 들고 가서 사진을 찍었는데
따뜻한 햇살을 받으니 더욱 근사해 보입니다.

FLOWERS COME TO LIFE

III

AFTER

THE EPISODES

꽃으로 만드는

소품

01

DRIED BOUQUET MIX, STATICE

드라이 부케 믹스, 스타티스

꽃다발을 만드는데 사용하고 남은 꽃을 곱게 말려
특별한 소품으로 만들어 보고 싶다는 생각이 들었습니다.
동대문 종합시장 5층에 가면 액세서리 부자재를 손쉽게 구매할 수 있는데요.
시장에 들러 반지틀을 구매하고 곱게 말린 스타티스와 드라이 부케 믹스를 활용해
오랫동안 사용할 수 있는 반지를 만들어보았습니다.

INGREDIENTS

반지틀	800원
스타티스	4,000원
드라이 부케 믹스	10,000원

ETC

글루건

HOW TO

1 반지를 만들 재료를 준비하고, 글루건을 콘센트에 꽂아둡니다.
2 반지틀 위에 베이스로 사용할 은빛 드라이플라워를 글루건으로 고정해줍니다.
3 그다음에 짙은 보라색부터 꽃을 하나씩 고정시킨 뒤, 연보라빛 스타티스로 그라데이션을 줍니다.
4 오렌지빛 드라이플라워로 마무리해주면 완성입니다.

RING

스타티스

드라이 부케 믹스

드라이플라워는 관리만 잘하면 일회성이 아닌 장시간 동안
예쁜 모습 그대로 유지할 수 있어, 오랫동안 분위기 있는 액세서리로 사용할 수 있어요.

02

SPRAY ROSE, DRIED BOUQUET MIX

장미, 드라이 부케 믹스

생화로도 드라이플라워처럼 어렵지 않게 반지를 완성할 수 있어요.
특히 생화 반지는 결혼식이 끝난 뒤 피로연에 사용하면 너무 좋을 것 같은데요,
본식에 사용한 꽃과 같은 콘셉트로 메인 꽃을 활용해 만들면 정말 특별한 아이템이 될 것 같습니다.

INGREDIENTS

반지틀	800원
장미	10,000원
드라이 부케 믹스	10,000원

ETC

글루건

HOW TO

1 반지를 만들 재료를 준비하고, 글루건을 콘센트에 꽂아둡니다.
2 햇살로즈의 꽃머리를 글루건으로 반지틀에 고정해줍니다.
3 잎 두 장을 줄기에서 떼어, 꽃머리 안쪽에 붙여줍니다.
4 여기에 작게 자른 드라이플라워를 덧붙여주면 완성입니다.
* 드라이플라워가 없으면 꽃머리만 활용해 만들어도 근사한 반지를 완성할 수 있어요.

RING

레이스 드레스와 너무 잘 어울릴 법한 반지입니다.

03

EUCALYPTUS, SPRAY ROSE SWEET SENSATION, POMPOM CHRYSANTHEMUMS, DRIED BOUQUET MIX

유칼립투스, 센세이션 장미, 폼폼 국화, 드라이 믹스 부케

꽃시장에 들려서 이것저것 구매하던 중 문득 이 꽃을 활용해
소중한 추억을 친구들과 함께 나눠가진다면 참 따뜻할 것 같다는 생각이 들었습니다.
지나고 나면 그런 소소한 추억들만큼 기억에 남는 게 없으니까요.
그래서 이번 생일에는 친구들을 초대해 예쁘게 만든 꽃팔찌를 나누어주고
예쁜 사진을 남겨 추억을 남기려고 하는데, 어떤가요?

INGREDIENTS

열매 유칼립투스	12,000원
센세이션 장미	10,000원
폼폼 국화	3,000원
드라이 믹스 부케	10,000원

ETC

레이스 리본, 글루건, 팔찌틀

* 팔찌틀이 없다면 딱딱한 종이를
레이스 위에 붙여 사용해도 됩니다.

HOW TO

1 재료를 준비하고, 글루건을 사용해 리본 위에 팔찌틀을 붙여줍니다.
2 유칼립투스를 잘라 비스듬하게 팔찌틀 위로 붙여줍니다.
유칼립투스는 X자 형태로 붙여주세요.
3 그 위에 드라이플라워(은색)를 글루건으로 붙입니다. 마찬가지로
X자 형태로 붙여줍니다.
4 폼폼 국화의 꽃봉오리를 줄기에서 잘라 서로 붙여준 뒤, 센세이션
장미를 폼폼 국화 사이로 가로지르도록 글루건을 사용해 꽂아줍니다.
5 포인트로 드라이 믹스 부케 안에 들어 있는 빨간색 소재를 잘라
가장자리에 붙여주면 완성됩니다.

BRACELET

만드는 시간은 다소 오래 걸렸지만 다 만들고 나니 제법 그럴싸한 팔찌가 완성되었습니다.
팔찌를 완성하고 나니 아직 생일은 한참이나 남았는데도 벌써 설레고 두근거립니다.
° 글루건은 뜨거우니 항상 조심해서 사용하세요.

BRACELET | EUCALYPTUS, SPRAY ROSE SWEET SENSATION, POMPOM CHRYSANTHEMUMS… | 253

04

BOTTLE GENTIAN, LISIANTHUS, EUCALYPTUS, GLOBE AMARANTH

용담초, 리시안셔스, 유칼립투스, 천일홍

요즘은 웨딩 소품으로 화관이 인기가 많습니다.
하지만 남들과 다른 나만의 특별한 머리장식을 원한다면 헤어콤브를 만들어보세요.

INGREDIENTS

은색 헤어콤브	2,000원
은색 비녀꽂이	1,500원
용담초	3,000원
리시안셔스	4,000원
유칼립투스	2,500원
천일홍	3,000원

ETC

털실 와이어, 글루건

HOW TO

리시안셔스 헤어콤브
1 털실 와이어를 동그랗게 말아준 뒤 비녀꽂이 틀에 글루건으로 붙입니다.
2 유칼립투스를 잘라 줄기 부분을 와이어에 붙여 고정시킵니다.
3 리시안셔스 꽃머리를 잘라 비녀 가운데에 글루건으로 고정해주면 완성됩니다.

용담초 헤어콤브
1 털실 와이어를 은색 헤어콤브 사이사이로 감아준 뒤, 글루건으로 가장자리를 고정해줍니다.
2 와이어 위쪽으로 유칼립투스를 잘라 적당한 자리에 붙입니다.
3 용담초의 꽃송이를 가위로 잘라준 뒤, 위부터 아래까지 이어서 붙입니다.(세 번 정도 반복)
4 천일홍의 머리 부분을 잘라 용담초 사이사이에 포인트로 넣고 글루건으로 고정해주면 완성입니다.

HAIR COMB

천일홍

용담초

유칼립투스

III. AFTER THE EPISODES FLOWERS COME TO LIFE

간단하지만 멋스러운 헤어 소품이 완성되었습니다.
웨딩 사진을 같이 찍을 친구들과 함께 나누어 꽂은 뒤
사진을 찍어도 좋을 듯합니다.

HAIR COMB — BOTTLE GENTIAN, LISIANTHUS, EUCALYPTUS, GLOBE AMARANTH

05
STRAWFLOWER, THISTLE, GREVILLEA IVANHOE

종이꽃, 엘엔지움, 이반호프

별다른 스타일링 없이 화관만 머리에 얹어두어도 소녀감성이 피어나는 것 같아요.
다양한 스타일의 화관이 있지만 이번에 제가 소개하고 싶은 화관은
오랫동안 소장할 수 있는 소재의 꽃과 글루건을 활용해 초보도 쉽게 만들 수 있는 화관입니다.

INGREDIENTS

종이꽃	5,000원
엘엔지움	10,000원
이반호프	12,000원

ETC

와이어, 글루건

HOW TO

1 와이어를 3가닥씩 2줄을 준비합니다. 총 6가닥입니다.
2 양쪽에서 와이어를 십자모양으로 교차해준 뒤, 두어 번 꼬아서 고정해줍니다.
3 와이어를 각각 끝부분까지 꼬아줍니다. 마무리로 두 개의 와이어를 꼬아서 고정해줍니다.
4 동그란 모양으로 화관틀을 완성합니다.
5 화관틀에 먼저 이반호프 잎을 잘라 글루건으로 붙입니다. 이반호프 잎을 빙 둘러줍니다.
6 엘엔지움의 꽃송이를 잘라 가운데에 붙입니다. 종이꽃 → 엘엔지움 순으로 반복해 붙여주면 완성됩니다.
* 와이어로 처음 틀을 잡을 때, 화관을 쓸 사람의 머리 사이즈에 맞게 잘라서 감아주면 흘러내리지 않습니다.

FLOWER CROWN

FLOWER CROWN — STRAWFLOWER, THISTLE, GREVILLEA IVANHOE

이반호프

종이꽃

엘엔지움

전에도 화관을 몇 번 만들어본 적이 있지만 이 화관은 조금 특별합니다.
친구의 웨딩 촬영에 제가 직접 화관을 만들어가서 사진도 직접 찍어주었는데요,
촬영을 하는 내내 화관의 모양이 흐트러지지 않았고
보관하기도 편해서 오랫동안 간직할 수 있겠다 하는 생각이 들었죠.

그날 만들어간 화관은 친구에게 선물로 주고, 이 내용을 많은 분들과 공유하고 싶어
집에 도착한 뒤 화관을 다시 만들어 사진으로 남겨두었습니다.
이 화관의 소재는 드라이플라워로 말리기에도 적합해서,
오랫동안 예쁜 모습 그대로 추억을 간직할 수 있어요.

06

CARNATION, RUSCUS, SALVIA

카 네 이 션 , 루 스 커 스 , 사 루 비 아

살아가면서 꼭 전해드리고 싶은 말이지만 쑥스럽거나 혹은
어떻게 전달해야 될지 몰라 늘 망설이게 되는 말이 "사랑합니다" 혹은 "감사합니다"인 것 같습니다.
일 년에 한 번 꽃과 함께 그 동안 표현하지 못했던 마음을 가득 담아
직접 만든 선물을 전해드리는 건 어떨까요?
카네이션의 대표 꽃말은 '모정'과 '사랑'입니다. 그중에서도 오늘 제가 선택한 분홍색 카네이션은
'열렬히 사랑한다'는 꽃말을 담고 있네요.

INGREDIENTS

카네이션   4,500원
루스커스   2,500원
사루비아   6,000원

ETC

리스형 플로랄폼

HOW TO

1 카네이션의 줄기에 붙은 잎은 따로 모아둡니다.
2 루스커스는 길이를 반으로 잘라둡니다.
3 먼저 플로랄폼에 한 방향으로 루스커스를 가장자리에 둘러줍니다.
시작점부터 마지막 점까지 빙 둘러 꽂아주세요.
4 루스커스 사이사이에 카네이션 줄기를 꽂아줍니다.
5 플로랄폼 위쪽에도 루스커스를 여백이 조금 보일 정도로
채워줍니다.
6 카네이션과 사루비아를 사이사이에 골고루 풍성하게 꽂아주면
완성입니다.

WREATH

완성된 리스는 벽에 걸어두었습니다. 물에 적시지 않아 곰팡이가 필 걱정도 없고
공간이 화사해져서 보는 것만으로도 마음이 뿌듯합니다.
벽에 걸어둔 리스를 보다가 부모님이 생각나 문자로 사진과 함께
그동안 전하지 못했던 감사한 마음을 보내드렸습니다.
열심히 만들었는데 부모님은 지방에 계시니 직접 전달해 주지 못해 죄송했지만
사진으로나마 제 마음이 전달되기를 바랐죠.
° 꽃을 꽂기 전에 플로랄폼을 물에 충분히 담갔다 사용하면 오래도록 싱싱한 생화로
보관할 수 있습니다.

07

EUPATORIUM, LISIANTHUS, ROSE, EUCALYPTUS, SMILAX

향등골, 리시안셔스, 장미, 유칼립투스, 스마일락스

허전하던 식탁도 꽃이 놓이면 화사해지고 뭔가 특별해지는 듯합니다.
한 번의 노력으로 일주일 동안 향기로운 꽃을 보며 행복해지는 시간을 가질 수 있습니다.
테이블 위 7일간의 행복입니다.

INGREDIENTS

향등골	3,000원
리시안셔스	4,000원
장미	4,000원
유칼립투스(폴리)	5,000원
스마일락스	5,000원

ETC

라피아 끈

HOW TO

1 테이블에서 사용할 접시와 커트러리를 준비합니다.
2 먼저 스마일락스를 가지런히 테이블 위에 올려주세요. 유칼립투스도 교차해서 올려주고 중간 중간에 화병을 놓아주세요.
* 저는 평소에 사용하는 유리잔을 활용했습니다.
3 향등골을 유리병 사이즈에 맞게 잘라서 꽂아줍니다.
4 장미도 꽂아주세요.
5 마지막으로 리시안셔스를 풍성하게 더한 후 사이사이에 향등골로 채워 마무리합니다.
4 테이블 냅킨은 말아서 라피아 끈으로 묶어줍니다. 유칼립투스와 리시안셔스 한 송이를 라피아 사이에 끼워주면 근사한 테이블 데코가 완성됩니다.

TABLE DECO

어려워 보이지만 약간의 노력으로 누구나 근사한 테이블을 만들 수 있어요.

FLOWERS COME TO LIFE

IV

JOURNEY

꽃과 식물을

찾아 떠난 여행

01

COTSWOLDS

코 츠 월 드

렌트한 차를 타고 런던을 벗어나 코츠월드Cotswolds로 가는 길은 순간순간이 영화 속 한 장면 같았습니다. 차로 두어 시간 정도를 달렸을까요? 우리는 어느새 코츠월드에 도착했습니다.

저는 설레는 마음을 가득 안고 차에서 내려 두 눈을 감고 숨을 깊이 들이켰습니다. 청량한 새소리와 간질간질 코끝을 스치는 시원한 바람, 그리고 은은하게 풍기는 풀냄새를 맡으니 내가 정말 시골에 왔구나 싶었습니다.

코츠월드의 거리를 걷다 보면 문득 제인 오스틴의 소설 속 배경이 이런 곳이 아닐까 하는 생각에 잠기곤 했는데, 세월의 흔적이 고스란히 느껴지는 오래된 벽돌집들은 외관만 보고도 이곳에 사는 사람들이 얼마나 꽃과 식물을 사랑하는지 단번에 알아차릴 정도로 각양각색의 꽃 넝쿨과 꽃나무들이 자리를 잡고 있었습니다.

그 중에서도 특히 제 마음에 쏙 든 집이 있었는데 그리 크진 않지만 노란색 장미와 노란색 자동차의 색이 너무나 조화로웠던. 우연이라고 하기엔 너무나 완벽한 한 장의 엽서 같은 집이었습니다. 어느 곳에서 삶을 살든 인생의 힘든 순간은 늘 찾아오겠지만, 만약 이런 곳에서 산다면 그 힘든 순간조차 자연의 아름다움에 기대어 다시 용기를 얻을 수 있지 않을까 생각해봅니다.

02 * 1

COLOMBIA ROAD, LONDON

콜롬비아 로드 꽃시장

런던의 브릭 레인Brick Lane과 쇼디치Shoreditch 사이 콜롬비아 로드에서는 매주 일요일 아침 8시부터 오후 3시까지 꽃시장이 열립니다. 비가 오나 바람이 부나 부활절 휴일에도 마켓은 꽃을 팔 준비가 되어 있습니다. 역에서 내려 꽃시장으로 들어서는 입구부터 분주하게 움직이는 사람들을 볼 수 있는데 자전거를 타고 화분을 실어 나르는 사람들, 다양한 꽃을 다발로 사는 사람들 등 꽃시장 입구로 들어서는 순간부터 설레는 마음이 듭니다.

이날 제가 제일 먼저 마주친 꽃은 해바라기입니다. 화창한 날씨와 너무 잘 어울리는 이 꽃은 한 송이만 화병에 꽂아두어도 빛이 날 것 같습니다. 우리나라 양재 꽃시장처럼 각양각색의 다양한 화분도 많이 보였는데 푸근하게 생긴 할아버지가 열심히 꽃에 관해 설명도 해주네요.

여행 가는 스케줄이 일요일과 맞아떨어진다면 콜롬비아 로드 꽃시장에 들러 향기로운 거리를 걸어보세요.

콜롬비아 로드 꽃시장 Colombia road flower market in London

ADDRESS : Columbia Rd, London E2 7RG
OPEN HOUR : 일요일 8:00 - 15:00
HOMEPAGE : www.columbiaroad.info

02 * 2

BUCKINGHAM PALACE GARDENS, LONDON

버 킹 엄 팰 리 스 가 든

런던에는 호수를 끼고 있는 크고 작은 공원들이 많은데 덕분에 다양한 식물과 화려한 색감의 꽃을 이곳저곳에서 볼 수 있습니다.
그중에서도 제가 좋아했던 공원은 리젠트 가든과 이 버킹엄 팰리스 가든입니다. 간단히 먹을 수 있는 음식과 도수 낮은 스파클링 와인을 들고 이곳에 친구들과 종종 들렀는데 맛있는 음식을 먹고 마른 잔디에 누워 친구들과 도란도란 나누었던 수다가 아직도 기억에 생생합니다. 우리나라에서는 흔히 볼 수 없는 기러기도 이곳 호수에선 흔하게 볼 수 있었고 여유롭게 물장구치며 놀고 있는 백조 또한 우아해보였습니다.

버킹엄 팰리스 가든 Buckingham Palace Gardens

ADDRESS : London SW1A 1AA
HOMEPAGE : www.royal.gov.uk/TheRoyalHousehold/TheRoyalHouseholdandtheEnvironment/TheQueensgardens.aspx

03

HYDRANGEA FESTIVAL, BUSAN

부 산   수 국 축 제

요즘은 여행지를 선택하는데 있어 그곳에는 어떤 꽃들이 있을까 하는 생각을 먼저 하게 됩니다. 6월이 되니 전국에서 수국축제가 한창인데요, 제가 들린 곳은 부산 태종대입니다.

수국축제라니 시선 돌리는 곳마다 꽃내음을 맡을 수 있겠구나 싶어 설레는 마음을 안고 태종대에 도착했는데, 태종대 입구에서 수국축제가 열리는 곳까지 거리가 상당하여 올라가는 내내 끝이 어디인가 싶을 정도로 가파른 오르막길을 올라가야 했습니다. 구슬땀이 송골송골 이마에 맺히고 헐떡이는 숨을 한 차례 내쉴 때쯤 비로소 멀리 어렴풋하게 수국이 보입니다.

힘들었던 발걸음을 수국이 달래주듯 이곳저곳을 둘러보니 형형색색의 예쁜 수국들로 가득한데요. 역시나 축제라서 그런지 발 디딜 틈 없이 사람들로 북적입니다. 아름다운 수국을 카메라에 잘 담아보고 싶었는데 몇 장 찍지 못하고 사람에 치여 집으로 돌아와 아쉬웠던 기억이 나네요.

04

CAMELLIAHILL, JEJU

제주 카멜리아힐

제주는 볼 것도 많고 먹을거리도 많은 섬이지요. 이번에 두 번째 들린 제주도는 제게 조금 특별했습니다. '만 원으로 꽃다발 만들기' 프로젝트를 시작한지 반년이 지났을 무렵이라 그 어느 때보다도 꽃에 대해 관심이 많이 생겼을 때였죠.

우연히 포털 사이트에서 알게 된 카멜리아힐은 저에게 신세계나 마찬가지였습니다. 제주도에 가면 꼭 이곳에 들려야겠다고 마음을 먹은 터라 도착하자마자 날이 좋은 날을 골라 카멜리아힐에 갔습니다.

제가 갔을 때는 동백의 개화 시기가 지난 시즌이라서 바닥에 흐트러진 꽃잎을 많이 볼 수 있었는데요. 그래도 아직 수십 개의 동백꽃이 남아 있던 터라 운 좋게도 아름다운 자태를 뽐내는 우아한 동백나무들을 볼 수 있었죠. 동백꽃뿐만 아니라 튤립, 수국, 그리고 처음 보는 꽃들도 눈에 띕니다. 이날 멀리서도 느껴졌던 꽃향기와 풀 냄새가 아직도 기억에 생생하네요.

제주 카멜리아힐 Camilliahill

ADDRESS : 제주특별자치도 서귀포시 안덕면 병악로166
PHONE NUMBER : 064-792-0088
OPEN HOUR : 매일 08:30 - 17:30
(동절기 및 하절기의 관람시간은 홈페이지를 참조하세요.)
HOME PAGE : www.camelliahill.co.kr

05

MOTHER'S GARDEN

엄 마 의   정 원

어렴풋이 기억나는 어릴 적 부모님의 정원은 곳곳에 과일나무가 가득했습니다.

석류, 대추, 복숭아, 무화과, 감나무 등 어릴 때는 그저 나무에 열리는 과일이 좋아서 이 과일이 언제 열매를 맺나 하고 기다리기 일쑤였지 사계절 동안 무슨 꽃이 피고 지고 하는지 따위는 관심이 없었습니다. 하지만 이제 저도 어른이 되었고 부모님의 정원도 세월을 따라 많이 변했습니다.

제 나이만큼 가지가 많아진 감나무와 나이 든 무화과나무가 죽고, 죽은 나무의 가지에서 새로운 움을 틔운 무화과나무가 자랐습니다. 저도 이제는 시골에 내려가면 꽃을 보고 계절을 생각할 정도로 꽃에 관심이 많아졌죠.

추운 겨울에서 따뜻한 봄으로 바뀔 때면 목련이 가장 먼저 몽우리를 짓고 우아한 자태를 뽐내고, 여름이면 화려한 장미와 수국이 만개합니다.

어릴 때와 가장 많이 달라진 게 있다면 과일나무는 사라지고 다양한 채소들이 엄마의 정원에 자리를 잡았다는 것입니다. 그 시작은 아버지의 몸이 안 좋아지시고 난 뒤인 것 같습니다. 그전에도 텃밭에서 농사를 지어 채소를 수확하고 요리에 사용하곤 했지만, 지금은 없는 게 없는 진정한 유기농 식재료를 직접 키우고 있죠. 부추, 가지, 오이, 파, 고추 등 다양합니다. 이번 년도에는 글쎄 수박에, 딸기까지. 정말 우리 엄마지만 대단한 여자라는 생각이 들었죠. 그리고 고마웠습니다. 정원에서 자란 건강한 식재료가 아버지를 다시 건강하게 만들어줬으니까요.

한 번은 강아지를 풀어놓고 정원에서 뛰어노는 저에게 엄마는 아버지가 먹을 음식인데 소중히 다루라고 말씀하시기도 했죠. 부모님의 정원은 아버지를 향한 엄마의 사랑이 고스란히 느껴지는 따뜻한 곳입니다.

06

PROVENCE

프 로 방 스

'프랑스' 하면 바로 생각나는 곳은 파리입니다. 수도이기도 하지만 무엇보다도 프랑스의 상징인 에펠탑이 유명해서겠죠. 하지만 이번 여행을 통해 저는 파리보다 프로방스를 정말 사랑하게 되었습니다.

좁은 골목길의 오래된 건물 냄새와 곳곳에서 흘러나오는 샹송, 그리고 어느 누구보다 꽃을 사랑하는 사람들의 도시였습니다. 사실 언니가 아니었다면 저는 이곳에 여행을 올 생각조차 하지 못했을 텐데, 꽃을 좋아하는 언니를 둔 덕분에 프로방스의 아름다운 곳곳을 함께 감상할 수 있었죠. 니스의 푸른빛 바다와 북적이는 장터, 그라스Grasse의 다양한 꽃을 활용한 향수와 방향제, 곳곳의 작은 갤러리들이 있는 도시 생폴St. Paul. 파리가 조금의 차가운 색감의 도시였다면 프로방스는 포근하고 따뜻한 느낌의 도시입니다. 세월을 가늠할 수 없게 차곡차곡 쌓아올린 돌담과 좁은 골목길을 따라 주위를 둘러보다보면 창틀이나 테라스에 꼭 꽃 화분이 놓인 걸 쉽게 찾아볼 수 있었죠. 아무 생각 없이 이곳의 거리를 걸어보는 것만으로도 행복하고 즐거웠습니다.

거리를 걷다 어느 짓궂은 프랑스인이 우리를 보고 "곤니치와", "니하오"라고 말을 건넸는데, 당당한 저의 언니는 그들한테 가서 우리는 한국 사람이고 한국어로 "Hello"는 "안녕하세요"라며 가르쳐주었습니다. 어찌나 속이 시원하던지 소극적인 성격의 저로서는 정말 상상도 할 수 없는 일인데, 이를 당당하게 이야기하는 언니가 정말 멋져보였습니다.

07

ICELAND

아 이 슬 란 드

한때 시규어 로스Sigur Ros라는 밴드에 심취한 적이 있었는데, 어떻게 이렇게 신비롭고 아름다운 선율의 음악을 만들어 낼 수 있는지 한 곡 한 곡 들을 때마다 감동을 자아냈죠. 특히나 뮤직비디오와 라이브투어 필름 〈Heima〉의 배경 아이슬란드는 이들의 특유하고 신비로운 감성이 잘 묻어나는 곳입니다. 시규어 로스는 아이슬란드 출신의 밴드인데 기회가 되면 꼭 이곳에 가보아야겠다고 마음속으로 다짐했었습니다.

그러던 중 제가 런던에 머물고 있을 때 언니가 북극광Northern Lights을 보고 싶다며 아이슬란드에 가자고 했고, 전 두말할 것 없이 승낙을 했습니다. 공항에 도착해 숙소로 가는 버스는 정말 아슬아슬했습니다. 퍼부어 대는 눈 때문에 앞을 볼 수가 없었고 표지판조차 겨우 보일까 말까 했으니 이곳의 운전자는 정말 프로구나 하는 생각까지 들었죠. 제가 갔을 때는 1월쯤이었는데 거리 곳곳 여행지 곳곳마다 눈으로 뒤덮여 있었습니다. 온통 하얀 세상이니 신비롭기도 하고 한편으로는 여름의 아이슬란드는 어떤 모습일까 하는 생각이 들었습니다. 듣기로는 여름의 아이슬란드는 온통 초록빛이라던데 말이죠.

날씨가 좋지 않아 북극광을 보기가 참 쉽지 않았던 기억이 나는데, 운이 좋게도 아이슬란드를 떠나기 마지막 날 내셔널 파크에서 북극광을 볼 수 있었습니다. 가이드가 북극광이라고 말하자마자 소리를 지르던 외국인이 생각나네요. 북극광은 막상 눈으로 보니 흰색에 가까웠는데, 사진으로 담으니 몽환적인 연두색입니다. 저는 쏟아질 듯한 많은 별들을 멍하니 바라보았습니다. 몸은 추웠지만 가슴이 따뜻해지는 여행이었습니다.

08

MAUI ISLAND, HAWAII

하 와 이   마 우 이 섬

내 생에 가장 아름다운 바다가 어디냐고 누군가 묻는다면 그 첫 번째는 제가 태어난 고향인 집 앞바다. 그리고 이곳 하와이 마우이섬입니다. '하와이' 하면 보통 알록달록한 트로피컬 꽃과 터키색 바다가 생각나는데, 이것이 하와이를 표현하기에 10퍼센트도 채 안 될 정도로 부족한 표현이라는 것을 저는 마우이섬에 가보고 나서야 알게 되었습니다. 공항에 도착해 경비행기로 갈아타고 마우이섬에 도착했을 때 제일 먼저 느낀 것은 이곳의 뜨거운 태양과 서늘한 바람이었습니다.

차를 렌트해서 숙소로 이동하는 동안 제 앞에 펼쳐진 광경은 해안가를 따라 끝없이 펼쳐지는 높은 산과 아름다운 바다였습니다. 중간 중간 보이는 해안가의 절벽은 마른나무와 풀들로 무성했는데, 덕분에 이곳의 기후가 다채롭다는 사실을 쉽게 알 수 있었죠. 건조한 지역이 있는가 하면 비가 많이 와서 습한 지역도 있고, 그래서인지 울창한 숲과 끝이 없어 보이는 들판을 종종 볼 수 있었습니다.

해변가에 차를 세우고 둘러앉아 캠핑을 즐기는 사람들, 바다로 뛰어들어 서핑보드에 몸을 맡기고 파도와 하나가 된 사람들. 이곳은 일상에 지친 육신과 정신을 비우고 그저 여유롭게 파도소리와 바람에 흩날리는 야자수 소리만으로도 힐링이 되는 곳이었습니다. 어느 누구 하나 소리를 지르는 사람도 바삐 움직이는 사람도 보이지 않는 이곳이 저에겐 진정한 휴식처였습니다.

나필리 베이Napili Bay에 있는 숙소에서 이틀을 묵은 뒤 야생의 생태계가 살아 있는 하나Hana로 가는 길은 정말 꿈만 같았습니다. 달리는 차 안에서조차 초록빛 향기가 그대로 전해졌으니 울창한 숲의 위엄이 얼마나 대단한지 알 수 있었죠.

다양한 식물들이 이곳에서 뒤엉켜 인간이 만들어 낼 수 없는 경이로운 자연의 모습을 그대로 간직하고 있었습니다. 가파른 협곡으로 차를 운전하는 내내 두렵고 무서웠지만 그 협곡을 지나 마주친 대자연의 신비는 숙연해지기까지 했습니다. 폭포에 잠시 정차한 뒤 수영도 하고, 무엇보다도 짜릿한 드라이브 뒤에 마주한 코코넛 아이스크림은 정말 달콤했습니다.

목적지 없이 마음 가는 대로 운전대를 돌려서일까요? 여행의 작은 스트레스조차 없는 평화롭고 아름다운 곳이었습니다.